NAWR

T. James Jones

Cyhoeddiadau Barddas
2008

ⓗ T. James Jones

Argraffiad cyntaf: 2008

ISBN 978-1-906396-05-3

*Cyhoeddwyd gyda chymorth ariannol
Cyngor Llyfrau Cymru.*

Cyhoeddwyd gan Gyhoeddiadau Barddas

Argraffwyd gan Wasg Dinefwr, Llandybïe

I'r wyrion

Daniel Llywelyn
Mathew Macsen
Gruffudd ab Owain

RHAGAIR

Aeth chwe blynedd heibio ers imi gyhoeddi cyfrol o gerddi, sef *Diwrnod i'r Brenin*. Bu'n gyfnod o golledion ac enillion i mi'n bersonol ac adlewyrchir hynny yn y gyfrol hon. Prinhaodd fy mherthnasau yn ardal Castell-newydd Emlyn eto fyth pan fu farw Edith, yr olaf o'r llu antïod, a'i mab, Ainsleigh Davies; a cholledion enbyd oedd marw fy chwiorydd-yng-nghyfraith, Menna ac Avril. Eto, bu'r enillion yn rhyfeddol; fy mhriodas â Manon, priodasau teuluol a genedigaeth tri ŵyr annwyl. O ran fy ngwaith creadigol, enillais y wobr gyntaf am gerdd Gymraeg yng nghystadleuaeth Féile Filíochta (2005) a Chadair Eisteddfod Sir y Fflint a'r Cyffiniau (2007).

Adlewyrchir yn y gyfrol hon, hefyd, ddigwyddiadau arwyddocaol y cyfnod. O'r diwedd, adferwyd ein hunan-barch fel cenedl yn sgil cychwyn sefydlu'r Senedd a wadwyd inni am saith gan mlynedd. Ond fe'n harweiniwyd gan Tony Blair a'i gyd-ryfelgwn i ryfel gwallgo, anghyfreithlon yn Irác. Dim ond pan enillir i Gymru statws annibynnol fel cenedl y gwarentir inni'r cyfle i ymwrthod â phenderfyniadau gwrthun o'r fath.

Cyrhaeddais innau oed yr addewid – a chyfnod o hunanholi ac o fentro gofyn ambell gwestiwn athronyddol a chrefyddol poenus nad wyf yn honni y gallaf eu hateb.

Wrth baratoi'r gyfrol hon, gwerthfawrogwn, fel arfer, olygyddiaeth Manon a chyngor fy mrodyr, John Gwilym ac Aled. Diolch i Alan Llwyd am ei olygyddiaeth yntau ar ran Cyhoeddiadau Barddas; i Dafydd, ei fab, am ddylunio'r clawr; i'r argraffwyr am eu gofal, ac i'r Academi am gymorth ariannol i ymweld ag amryw o fangreoedd a'm hysgogodd i ganu chwech o'r cerddi a gynhwysir yn y casgliad.

Diolch, hefyd, am ganiatâd David Higham Associates i gynnwys trosiadau o straeon a cherddi Dylan Thomas, ynghyd â pharodrwydd Jon Dressel i mi gyhoeddi cyfieithiadau o'i gerddi yntau.

Ymddangosodd amryw o'r cerddi yn *Barddas*, *Taliesin* a *Golwg*. Manteisiaf ar y cyfle i ailgyhoeddi chwe cherdd o'r gyfrol *Diwrnod i'r Brenin* gan ei bod bellach mas o brint.

Yn olaf, hoffwn gydnabod yr ymateb gwerthfawrogol a fu i'm gwaith dros y blynyddoedd.

T. James Jones

Haf 2008

CYNNWYS

CROESO DANIEL LLYWELYN

(i'n hŵyr cyntafanedig, Tachwedd 2, 2004;
Y Gocet, ger Tre-llech, Sir Fynwy, yw ei gartref)

Croeso, Daniel Llywelyn, i Gymru;
cei gymryd, o'i phriddyn,
wir addysg bwrw gwreiddyn.

Croeso, Daniel Llywelyn, i Fynwy,
na fyn, bellach, dderbyn
ei heithrio fel dieithryn.

Croeso, Daniel Llywelyn, i'r tŷ hir,
y tŷ sy'n ymestyn
ei do dros greadur a dyn.

Croeso, Daniel Llywelyn, i aelwyd
dy anwylo'n blentyn
dedwyddwch yng nghôl deuddyn.

Croeso, Daniel Llywelyn, i newid
hen aeaf y tirlun
â gwanwyn gwên bachgennyn.

Croeso, Daniel Llywelyn! Hyderaf
y doi, ŵyr, i gredu'n
y wyrth ein bod yn perthyn.

MATHEW MACSEN

(i ddathlu geni ein hail ŵyr, Ionawr 16, 2007)

Cyn iti agor dy lygaid,
ymglywem â'th swyn
yn nhrem dy rieni
dan hud rhyfeddod
dy eni.

A hudaist dy frawd
i'th alw'n 'Math',
swynwr y chwedlau,
crëwr Blodeuwedd o groth
o flodau.

O'th gyfenwi'n Macsen –
a droes chwedl yn hanes
yn ei freuddwyd am Elen,
ac a anogodd ei Chymru
i fod yma o hyd

yn Arfon, Caerfyrddin,
y Frenni, Caerllion,
ac ar dy aelwyd o flodau,
fe'n swynir ninnau cyn hir
dan hud dy freuddwydion.

Y TYWYSOGYN

*(i'n trydydd ŵyr, Gruffudd ab Owain,
a anwyd ar Fawrth 24, 2007)*

Boreau braf ar Draeth Lafan,
gosgordd tywysog yn marchogaeth
y pellter wrth ymarfer y meirch;
olion pedolau'n cleisio'r tywod
fel maes cad wedi'r drin.

Uwchlaw, Garth Celyn,
Abergwyngregyn,
cyn ei grebachu'n ddim ond
Aber,
fel taeog yn ymgilio i gragen
diddymder
gerbron gwanc y brenin Edward,
a fynnai warafun Garth Celyn o'n cof
fel llanw'n dileu ôl pedol ar draeth.

Un noson glaf uwchlaw Traeth Lafan
sŵn pedolau'n difrodi
llys ein tywysoges;
ei chipio i bellter lleiandy
i'w chrino'n 'Wencilian',
er gwacáu ein crud
a chau ein croth.

Ond yn gof i gyd, fe awn ein dau,
fel ar gefn ein ceffylau,
yn dalog i dalu
gwrogaeth i'n tywysogyn,
a dwlu ar bedolau
annileadwy ei enw.

CÂN SERCH

Beth yw adfyd?
Cur f'anwylyd
dros blant y byd.

Beth yw gwynfyd?
Gwên f'anwylyd
ar ŵyr mewn crud.

HARMONI

(er cof am Menna Gwyn)

Miwsig oedd dy gynhysgaeth.
Â hyder maestro dewisaist alaw
i rannu deuawd â'th wrandawyr.

Rhoist wynfyd i'th deulu a'th genedl
a'n harwain at harmoni dy haf o hyd,
ac at felodïau a leddfai aeafau hefyd.

Y DREFN

Ddo' i byth i ddeall
dy glwyfo, o gofio mor gain
fu dy fywyd, Avril, yn hardd
o waraidd, yn gerddoriaeth hyfryd.

Ddo' i byth i ddeall
dy drin fel hyn gan y Drefn.
A oedd dy heneiddio grasol
ryfeddol yn rhy araf iddi?

Ond deallaf na all eithaf
y tywyllwch fyth ddifetha
golau dy ddewrder gwylaidd.

AWST

(er cof am fy nghefnder, Ainsleigh, a fu farw ar Awst 31, 2002)

Bydd storom Awst yn mwstro mellt
cyn dod i ben â chawod benwyllt
chwimed â chomed chwil ar gered,
y fedel yn sarn, a sbwriel ei siwrne'n
blith-draphlith wedi'r drin.

Anhrefn Duw ar afon a dôl,
a'i Eden yn gawdel.

Yr ias sy arna 'i hofon,
a honno mas o'i thymor,
yn rhisglo'r haf o'r coed;
a'r cŵn, â'u dawn i'w nabod,
yno'n wben eu desgant.
Mae'r curlaw'n disgyn
yn fraw i'r fron garedig,
i erydu ei chroen wrth ei churo hi.

Try at yr ardd,
i'w sangu'n gors â'i angerdd;
sgubo, rhuthro dros res o'r gladioli
a'r gwely dahlias,
a lladd pleser y border bach.

Mewn eiliad mae'n anialwch.

Daw â'i raib at y drws, a'i ffusto'n anwar
wrth aros am ergyd olaf, wylltaf y fellten.

Ddoe y digwyddodd hyn.

Ni welaf, heddiw, waelod
y boen ddyfna'n y byd.

A'r ardd gyn hardded,
ai rhaid oedd ei difa cyn pryd?
A phwy, pwy oedd y ffŵl
a ddifododd y fedel?

Es i'w throi hi sha thref
i oddef fy heneiddio.

YN Y PORFEYDD HYN

(anerchiad barddol yn seremoni Cyhoeddi Eisteddfod Caerdydd 2008,
ac i gofio Ifor Bach a'i orwyr, Llywelyn Bren)

Mae cysgod hir ar y porfeydd hyn.
O'i ddirwyn yn ôl down at waelod y muriau,
at ddewrion, ddistawed,
gyflymed â gwiwerod,
yn dringo ar wiberod o raffau,
yn sleifio fel llyswennod
drwy'r neuaddau segur a'r gegin gwsg,
i gipio Iarll Caerloyw, ei Iarlles a'i fab
o faldod eu gwelyau,
a'u dwyn yn wystlon i goluddion gallt.
Uwchben, sêr rhewllyd y nosau;
dan draed, llwydrew llymaf y dyddiau;
gaeaf yn dial ar leidr o Sais
am iddo ddwyn porfeydd y Cymro bach.
A gaeaf Ifor a orfu.

Ond hen gadno o hyd yw'r tywydd;
gall droi ei naws fel hyrddwynt sydyn
yn bwl digywilydd o blaid y gelyn.
Fel hyn y bu i aeaf caled
roi ergyd farwol i Lywelyn Bren:
un na welodd ladd ein Llyw Olaf
ond a fyseddai'n dirion
femrwn y farwnad iddo,
yr awdl unodl ddicllon
yn un 'aw' dolurus o dorcalon,
yn haearnu ei waed i arwain ei hil
o'i hanial at borfeydd ei chynnydd.

Ond daeth awch y gaeaf i Gaerffili
pan ildiodd Llywelyn er arbed ei filwyr;

ein gwehelyth a lithiwyd fel gwehilyn
trwy borth y bradwyr i Dŵr Llundain;
a gwelodd y sêr yn *syrthiaw*
o'i lusgo nôl yma'n ddihiryn
i'w grogi
a'i chwarteru'n seigiau
fel ysbleddach cigach cegin.
Llywelyn Bren, daled â lartsien,
freued â'r llawysgrifau
yn argel ei lyfrgell;
noddwr llên yn naddion mân;
chwedl cenedl yn fwyd cŵn.

Fe fydd ei waed yn y porfeydd hyn.

GWENLLIAN

(ar ôl ei gweld fel lleian gwflog yn ei charreg goffa grai yn Sempringham)

Ein hangof a'i caethiwodd
i fynwent ei chwfaint
a'i dirwest.

Ein hangof a'i tynghedodd
i rythu a rhythu ar fur
diffenest.

Ein hangof a wadodd iddi,
o gloi a chrino'i chroth,
gynnwrf un don.

Ein hangof a'i halltudiodd
i fro heb fynydd,
na haul ar fron.

Ein hangof a'i condemniodd
i farw heb ei geni'n fam
i'n hanwylo.

Fe'i rhyddhawn o'i hirbell
pan fynnwn allwedd
i agor ein hatgof.

TÂN YN SYCHARTH

(Mai, 1403)

Mae Mai wrthi'n darpar haf arall
mewn perllan a gwinllan;
er rhoi Iolo Goch yn ei fedd,
deil ei fap o'r llys yn ddilys –
y felin ddŵr a'r crehyrod,
y peunod a'r ceirw'n y parc;
ymhen mis, daw cnwd o wair
o'r caeau, wresoced â'r cywydd;
a'r haidd ymhen deufis neu dri'n
fara cyforiog, neu'n fâl
o egni i feirch
wedi'u dofi i gario pendefig.

Mai gwresog yn fflam o groeso
diarhebol rhagorol, a'r wraig orau'n
hulio'r ford ddisgleiriaf
i feirdd a dyrr i Sycharth
i dorri'u syched
â'r cwrw Amwythig nodedig
neu â chostreleidiau o win;
ac o ffwrn y gegin daw swrn
o gigoedd yn ddigonedd,
yn wledd o ginio.

Mae yn y tŷ braf ar y mwnt
barêd o bileri cymwys
seiri cymesuredd,
a'u cyplau odlog
fel cywyddau coeth,
yn gymundeb o gymhendod;
plas o adeilad, dinas i dylwyth
sofrin yw, nesaf i'r nef.

Ond â'r fangre'n
ddi-naf,
a'i simdde'n
ddi-fwg,
daw Hal
dros y ffin
dros y bont
ar y llyn
i losgi'r ford
a'r gynghanedd
yn ffwrn ffyrnig
ei ddialedd,
a difa'r haf
am ganrifoedd.

BRÂN GORDON BROWN

(ar ôl ymweld â Thŵr Llundain)

Mae o'r un enw â'r brenin bendigaid
y claddwyd ei ben yn y Gwynfryn
i arbed ynys rhag gormes estron.

Ei ddiben yw bod yma'n bresennol
fel y ceidw Lloegr ei phalas a'i phen.
Clyw ei grawc ger porth y Tŵr Gwyn.

Daw'r gwaed sy'n gloywi ei bluen
o loddesta ar gigoedd plant Annwn.
Clyw ei grawc wrth fôn y crocbren.

Saif ar ei domen ger cewyll o gelloedd
lle y cosbid fy nhras ddilywodraeth.
Clyw grawc y straen yn rhaffau'r artaith.

A phan af i mewn i gynteddau'r tlysau
i weld ysbail ymerodroli'r cyfanfor,
clywaf grawc colyn llidiart y bradwyr.

CWM HIR

*(Gorffennaf 25, 2006, pan ychwanegwyd
at bwerau Senedd Cymru)*

Nid y dydd yn unig a gollwyd
un bore tywyll o Ragfyr;
collodd byddin ei ffordd,
tywysogaeth ei gafael
a Chymru ei phen.

Rhowd lwmpyn o gnawd
salw ar wayw Sais,
yn adloniant ar bont Llundain
yng ngloddest ffair y sarhad,
yn ddim ond bripsyn
o gwdyn gwaed.

O bellter eu rhialtwch,
ni chlywent bedolau'r nos yn dwyn
y bongorff o frad Aberedw;
ni welent y mynachod teyrngar
yn ei ollwng yn lân i ofal yr allor,
yn ddwrn a gododd gledd,
yn fraich a fu'n ymgeledd,
yn gôl a fagodd wehelyth;
yn stŵr eu gwatwar, ni chlywent
y ddrycin yn rhidyllu'r sêr
i dryblith y deri cynddeiriog,
na'r môr yn dolurio'r tir.

Heddiw, ar brynhawn hyderus,
braf o haf ar lain y canol llonydd,
gwelaf y man y rhowd y bedd ar fap
y cornelyn hwn o'r ddaear,
a'i doi'n ddiweddar â llechen las;

clywaf gorws ym mrigau'r deri
yn moli'r tirwedd
am na syrthiodd y sêr,
ac am nad yw'r môr yma.

Heddiw, mae'r haul yn hawlio'r awyr
ac adduned ei wên ar lechen lân
fy nghenedl.

FAN HYN

*(fe'i darllenwyd yn Stomp yr Academi wythnos Eisteddfod Eryri
a'r Cyffiniau, 2005, yn y fan yr arwisgwyd Charles Windsor
yn dywysog honedig Cymru yn 1969)*

Daw ambell fan yn hanes
ein hil â briw'n marw'n nes;
mannau heintus mynwentol,
mannau dwyn fy nagrau nôl.
Hyd Dre Wen fel yng Nghatráeth
wylwyd caneuon alaeth.
Mae afon Irfon yn un;
hi welodd ladd Llywelyn
gan neb un bore barrug,
a dwyn ei ben. Wedyn bu
gwarth llosgi Sycharth gan Sais
a'i lefelu â'i falais.
Tre arall oedd Tryweryn;
hunlle oer yw dim ond llyn.

A fan hyn, fan hyn heno,
fe ddwg y gaer ddydd i gof,
dydd derbyn crwtyn y crach
a honnai fod i'w linach
yr hawl ddwyfol i reoli
erwau aur fy Nghymru i.
Y fan lle bu difenwad
estron glwth ar stori'n gwlad.
Carlo Windsor ddidoreth
fynnai'r hawl i ddwyn fy nhreth.
Fan hyn dôi'n blentyn o'i blas
neis, i hercyd ei syrcas
a gorwenu'n goronog,
ond yn glown o dan ei glog.

Â'n harwyl yn ein haros,
fan hyn oedd llwyfan ein nos.
Roedd derbyn brenhinyn brad
yn drewi o'n dirywiad,
a'n troi'n abwyd i fwydyn.
Ond damo! Heno, fan hyn
yn 'rhen furddun, rhown farddas
mor ferw â môr i fwrw mas
ddiawl estron a'i gynffonwyr
o'r gaer, ynghyd â chwerw gur
gormesydd. A'r grymuswr
a glywn yn dod yw Glyn Dŵr,
yn Gymreigaidd o'i wreiddyn,
i fynnu'i hawl ar fan hyn.

A'r fan i godi'i faner
yw fan hyn, i'w chwifio'n her
i'n gwlad nad un golladwy
ddiegni mohoni mwy.
Cladder y sôn am weryd;
y mae iaith yma o hyd;
a dawn hon, er mynd yn hen,
yw cainc ieuanc ei hawen
o hyd. Mae yn idiom hon
wiredd sy'n haeddu coron.
O emwaith aur ei theithi
cawn sblander ein hyder ni;
o'i henwi hi'n frenhines
ein gwawrddydd newydd ddaw'n nes.

DUW, HIRAETHOG A CHYMARIAETHAU

*(adeg ymweliad y cyn-gadfridog Colin Powell
â'r ardaloedd a ddioddefodd y Tswnami, Rhagfyr, 2005)*

'Dyma gariad fel y moroedd,
Tosturiaethau fel y lli . . .'

Â chymhariaeth Hiraethog fel hwrdd yn fy mhen,
gwelwn was i ryfelgwn yn nhomen broc
y don dalcen tŷ,
y don angau nad â'n angof.

Ni thrawodd haul mo'i amrant unwaith
cyn iddi ddifrodi'r traethau aur yn Aceh,
i beri hirlwm galar lle bu bwrlwm gwyliau.

Wedi honni na welodd, yn rwbel ei ryfeloedd,
ddim i'w gymharu â dirboen yr arfordiroedd,
ffoes y gwas i'w ddinas ac at ei Dduw ei hun.

Ond pe'i gorfodid i gerdded lle bu, unwaith, ddinas,
gwelai neuadd wactod ar ôl chwalu priodas,
pla o dyllau bwledi lle bu aelwydydd;
mamau di-blant heb ragor o ddagrau
yn adnabod drewdod trais,
a'r esgyrn cyrff yn warged i gathod a chŵn.
Dwrn dinistr, yn enw daioni,
yn dod â'i dywyllwch i dre diwylliant,
i falu hendref â'i fileindra,
yn don ar ôl ton o lid tân.

Ei henw oedd Falluja.

Yn Aceh, holir â thorcalon:
'Ai eiddo Duw oedd y don?'

Mae hawl gan y sawl
sydd â'u rhai annwyl dan y rwbel
i regi'r Drefn a ddaeth
â gwae ei hanhrefn i'r traethau.

Yn Falluja,
ni holir eiddo pwy oedd pob bom,
oherwydd Duw rhyfelgar oedd Duw rhyfelgwn
yno; fel yn Llundain ac Abertawe,
Dresden, Hiroshima a Nagasaki,
dyna falais fel tswnami.

Y TAD A'R MAB A'R YSBRYD AFLAN

Yn nydd nyddu newyddion,
a'r rhaffu ffals ar y ffôn
ac ebyst, mae'n braf gwybod
nad oes un celwydd yn dod
un adeg o geg y gŵr
a'n hudodd fel cenhadwr
di-wair â'i dafod arian.
Gwawriodd dydd y gwleidydd glân.

Mae'r Enw Mawr yn ein mysg
yn arfog rhag pob terfysg.
Un a ddaeth â sêl ei Dduw
Dad, a Mab ei Dad ydyw.
O'i hynod hollwybodaeth
honni hyn i'w wlad a wnaeth:
'Ati, mewn tri chwarter awr,
daw arfau dinistr dirfawr.'

A chyn goresgyn Irác
honnodd fod hyn yn jonac –
'. . . ac nid "goresgyn" ydyw
o'i wneud o hyd yn enw Duw!'
Cael ennill y calonnau
fu ei nod; mae'i gyfiawnhau
yn hawdd, fel gwenu iddo,
neu grochweiddi 'Bwci Bo!'

Ei ddod yw'r Ailddyfodiad.
Seinir yn glir gerbron gwlad
lais Sais sy' wastod yn sôn
am gad Yr Armagedon.
Creu rhyfel yn enw crefydd
â'i hoff arf, cleddyf ei Ffydd,

y cledd a anrhydeddir
gyda'r gwaed a ira'r gwir.

Oherwydd chwalu tyrau
democratiaeth, y daeth dau
i gydio dwylo, a dal
y dôi, o raid, ddydd dial.
Roedd Meseia Dubya ar dân
dros ateb dicter Satan
â bwled, gan lwyr gredu'n
y Duw gwâr yn ei Dŷ Gwyn.

Yn ystod awr clais y dydd
roedd Eden yn ardd ddedwydd
had ifanc rhwng dwy afon.
Hen fangre ddi-fedd fu hon
nes i hanes ei henwi'n
wlad Irác dan draul y drin,
a dileu hedd ei chwedl hi
â helgorn y rhyfelgi.
Ni fu gardd erioed harddach
gan neb yn y bore bach,
na'i nawniau hir o fwynhau
ei gwareiddio i'w gwreiddiau.
Ond yn yr hwyr, wedyn, roedd
elw arall i laweroedd,
a'i lif aur a lifeiriai
o du'r ardd yn ffrwd ddi-drai.

O nos i nos fe'i hysid
gan ymladd a lladd a llid.
Ar ôl i'r Sais reoli
pob pydew o'i holew hi,
o'i thes daeth ei was Saddam,
â'i wae adladd mewn bedlam.
Dihangfa a gas ei gwahardd,
a rhuddodd gwaed isbridd gardd.

Heno mae gorlawenydd
o weld Irác yn wlad rydd!
I Dduw a'i Fab, lladdfa wen
reidiol fu ail-greu Eden.
Ysgwydd yn ysgwydd maen nhw'n
uno i chwalu Annwn
drwy'r byd i gyd! Ond fe gânt
oganwyr mewn gogoniant!

TONY BLAIR

(beddargraff)

Ma'i ddanne' wedi rhewi – a'i dafod
ofer nawr fel pwti
gwelw. Aed â'i wên a'i gelwy'
i ddüwch 'i fedd ych-a-fi.

DIM OND CRAGEN

Dirym yw ei phedwar mur i gynnig
i enaid rhyw gysur;
drwyddynt, rhua'r gwynt ei gur,
drostynt, ei wacter ystyr.

DARGANFOD MYNWY

Haf a gaeaf, afon Gwy a droellodd
hyd rwyllwaith Sir Fynwy;
er ei rhedeg troadwy
erys i mi'n Gymraes mwy.

Y CWYMP YNG NGHENARTH

(er cof am Mam)

Mae hi'n llifo'n llydan trwy hafau Tre Wen,
mor osgeiddig â thywysoges
yn bwrw'i phrynhawn yn ei pherllan;

ar waelod y dyffryn, hi yw brenhines
y tirwedd teg rhwng Maenor Deifi a'r môr,
cyn i'r llanw greu crych ar ei chroen.

Yng Nghenarth, mae pethau'n wahanol:
ei gwasgu drwy gulni rhigol,
ei thasgu o graig i graig
a'i thaflu'n ddidostur i gwter.

Uwchben y dŵr trwblus, cofiais am un
a aeth heibio i'w Thre Wen cyn fy ngeni;
wyddwn i ddim am ei Chenarth
nes ei bod hi'n rhy hwyr;
ond fe'i gwelais yn nhegwch ei Maenor Deifi
cyn iddi fynd i gwrdd â llanw'r môr.

DIWRNOD I'R BRENIN

(er cof am Dat)

Un ha' bach Mihangel,
cyn y gaeaf anochel,
roedd ein siwrne'n anorfod,
yn bererindod.

Dringo'r Graig Fach
o'i Gastell-newydd Emlyn
heibio i'r perci bara-menyn,
ei berci llafur 'slawer dydd,
a'u cyfarch â gwên adnabod,
fel pridd o'u pridd.

O ffarm i ffarm, agor ffordd
â chof pedwar ugain haf
a gaeaf.
Enwi
pob amlin a ffin a ffos
o'r map ar gefen ei law.

Ac er bod naws gaeaf hir
yn goferu i afradu'r haf,
roedd enwau'r cwmwd
fel gerddi cymen.
Danrhelyg a Phenrherber,
Terfyn a Shiral a'r Cnwc.
Cefen Hir, Penlangarreg,
Glyneithinog a Llwynbedw –
crefftwaith cartograffeg
brenin ei gynefin hud.

Fe oedd y map,
a mwy.
Ni cheir ar fap mo'r tramwy
o glos Dôl Bryn
at ysgol Parc-y-lan,
na'r rhedeg 'nôl.

Ac ni cheir gwên y chwarae,
na'r troi chwerw
i'r gwâl yn gosb cyn swper,
na'r mynd ar ras drwy'r pader.

Ni welir mewn un ordnans
gosi'r samwn mas o'i wely,
na maldodi cloffni
llo bach ca'-bach-dan-tŷ.

Nid oes croes lle dysgai'n grwt
dorri gair ar goedd â'i Geidwad.
Nid oes lliw o'r bryncyn hud
lle bu'n llanc yn cwrso'i gariad.

Aros
i gofio cyfoed agos
yn danto byw ym Mhant Ishelder.
Oedi
i glywed sgrech digofaint
teulu'n disgyn i Dre-dîn.

Dod at fforch –
un hewl i Gwm Difancoll,
a'r llall i Ebargofiant.

Ni cheir mo'r rhain ym mhlygion
atlas Cenarth a Chilrhedyn,
ond fe'u ceid i gyd ymhlyg
ar ddalen ddwys ei gof.

Troi at ddalen newydd,
ac yng ngwres ei lais,
clywed cymanfa hau a medi,
hosanna sychau'r cwysi union
yn troi'r tir glas yn berci cochion,
a haleliwia hen galonnau
rhagorol eu brogarwch.

Troi dalen arall,
a'm harwain hyd y feidir
at fynegbyst yr ail filltir.

Yn y fan a'r fan,
bu'r caru'n fwy
na'r hyn oedd iddi'n rhaid.

Yn y lle a'r lle,
bu estyn llaw
drwy waed y llwyni drain.

Bu hon a hon
tu hwnt o hael,
a'i bara'i hun mor brin.

Âi hwn a hwn
i fachu'r haul
i roi ei wawl ar wair ei elyn.

Roedd rhyw ystyr hud i'r siwrne,
ac er bod hydre'n gennad
i'w fyrhoedledd
a'i ddiwedd ei hun,
erys tirlun troeon-yr-yrfa
fel ffermydd John Elwyn yn y cof.

Fel un cyfrin o'r cynfyd
trôi'r cyfarwydd
hanes bro yn chwedl,

ei cheinciau'n ymestyn
o Genarth i Gilrhedyn,
a'r digri bob yn ail â'r deigryn.

Cyrraedd Cwm Cuch,
a'r Fox an' Hounds,
a'r pererin,
yn ôl ei arfer,
yn tynnu ei gap,
a chyfarch y Sais
a ddiferai'i gwrteisi –
hwnnw a hudodd wledydd
i'w troi'n goch ar fap y byd . . .

Rhoi'r byd yn ei le,
a thrafod tywydd
y mileniwm newydd . . .

a chydag ystryw debyg i un Pwyll yn gwisgo pryd
a gwedd Arawn yn Annwfn, cymryd a wnaeth yr
henwr agwedd dieithryn. A than hudlath llygaid
yn pelydru arabedd cynhenid y Shirgar, sef a
wnaeth Mewnfudwr, twrio o dwba ei ystrydebau
am hyfrydwch Bro Emlyn. Ac ar hynny, ad-ddodi
a wnaeth Mewnfudwr, mor fuddiol y buasai i'r
henwr, cyn cyrchu ei lys ei hun, fyned parth â'r
castell i weled adfeilion y sydd yn dygyfor
rhamant mil flynyddoedd y cantref. Sef a wnaeth
yr henwr, cytuno cyn hyfryted ganddo fuasai
gwneuthur hynny'r nawnddydd hwnnw, gan ei
bod hi'n ddiwrnod i'r brenin.

Do you know your way there?

Â gorfoledd pererin ar ei daith tua thre
atebodd y brenin yn gadarnhaol,
ac atodi'n hamddenol, wrth wisgo'i gap,
fod gan ei fab fap.

LLE BU GARDD

Gwenai arno'n ffyddlon bob haf
drwy ffenest parlwr ei fagwraeth,
a mêl y sïo'n ei hudo mas
at yr hen ŵr a'r mint â'u gwyntad melys,
at lwyni gwsberis a chwrens duon
a chnwd melfed cynhaeaf mafon.

Llain i adar mân wybeta
fan hyn fan draw fel arian byw,
a hala'r dail i roi dawns;
erw i gytgan Adar Rhiannon
ddihuno meirwon y wawr,
ac i suo'r rhai byw yn yr hwyr.

'Trwy chwys dy wyneb' o'r bore bach
fyddai trefn yr elwa digyfaddawd
ar borfa fras y perci;
yr ardd oedd Eden
neithdar gwâr gŵyl ddiwetydd
heb ofid am fara fory,
a mangre rhoi maldod i flodyn,
'mond am ei fod e'n bert.

Neithiwr, yn y parlwr,
hen ŵr o ymwelydd
yn agor llond coffor o atgofion cain;
ail-fyw'r chwerthin, sychu'r deigryn
cyn mynd â'i wên at y ffenest . . .
A'i rhewi fel gaeaf anniwall
o weld ei Eden yn llain i borthi elw,
yn ddim ond parc o borfa fras,
â'r bwystfilod mor barod i'w bori.

AMSER

Pen Lôn, Blaengwyddon, Blaenachddu,
Parc Nest, Aberhalen, Pengelli a'r Foel . . .
saith cap-â-phig ffwdanus,
saith gwegil leder, saith crafat sopen,
â'u beinders yn stond yn y perci aur
un prynhawn, cyn dod i ben â'u llafur.

Tu fas i senedd y Sadler,
dan drem cloc y dre,
saith yn aros eu tro i gwiro'u canfase,
a'u hamynedd brinned â'u hamser.

Wele grwt â phêl leder fflat
yn hofran tu cefen i'r Foel;
penfelyn, â'i gwrlyn
yn gudyn whip dros ei dalcen.
'Dere weld' mynte'r Sadler,
cyn swmpo'r bancosen,
a chanfasen Pen Lôn yn llithro o'i gôl.

Saith cap-â-phig yn ffyrnigo,
cnul y cloc yn ddidrugaredd,
a'r pwytho manwl yn dragwyddoldeb.

Wele bêl fel newydd yng nghôl y penfelyn,
ei gwrlyn-caseg-ben-fedi, serch y rhegfeydd,
yn herio'r crymane.

A'r crwt yn hedfan i'w orwel
sionced â Kairos, wele sylw'r Sadler Socratig:
'Ma' amser whare'n brin.'

Gostegodd, cytunodd pob cap.

MADRUDDYN

Rhan o ewyllys rhieni oedd hi –
cymynrodd hael cystrawen ac acen
yn treiglo mor naturiol ddiarwybod
ag anadl esmwyth plentyn yn sugno bron,
a'i maeth mor angenrheidiol,
mor ddiamheuol â chariad.

Madruddyn o rodd ydoedd.
Fy mêr yw rhag fy marw i.
Byddai ei cholli fel colli cof,
yn fy newid yn rhywun nad ydwyf,
yn golli nabod ar fy nhylwyth
ac arnaf fi fy hunan.

Pe bawn o fogel *Middle England*
yn cyhwfan lluman San Siôr
o glod i'm Saesneg di-flewyn-ar-dafod,
enwid hynny'n 'warineb'.

Ond am imi gadw mamiaith tra byddwyf,
a'i thraddodi'n ddiwylliant tafodiaith,
yn ewyllys i'm plant ac i'm plwyf,
eithafol, hiliol wyf.

WYNEB YR HAUL YN ABER-ARTH

(i gyfarch Hywel Teifi)

Fel arfer,
y machlud dros Fôr Iwerydd
ddiwetydd haf braf
piau pentref Aber-arth;
dan ddylanwad gwawl
fel gwin, fe'i meddiennir
gan gof am ddoeau hynod
o fyw ar lan golud
a gofid ei fôr.

Ond ambell dro,
rhoes y wawr o'i gorau
i ddod â dydd o haul anarferol,
rheidiol i Aber-arth;
un bore ir bu hi
mor braf â geni
cawr i'w genedl,
Lleu beiddgara'r Deheubarth.

Ni fu'i lanach am daflu'i
oleuni ar ein mawlgan
a'n llwyfan a'n llên,
eu hegluro
a'u rhoi yn y glorian;
ni fu'i fanylach
am fynnu heulo sawl pwll
a chilfan o'n hanes,
a dod â hwy i olau dydd.

Ni fu neb miniocach
ei lach ar leng
anynad y bradwyr;

ei laser a seria
eu gwaseidd-dra i'r Sais sala',
a'i droi'n lludw
â fflach ysol ei drem.

Ein hwyl yw'n Hywel o hyd;
gŵyr werth ein taro â chwerthin dro,
i'n dirwyn yn hunanhyderus
ar ei lwybr haul o Aber-arth.

YN ANGLADD ISLWYN

(Ionawr 2004)

A ddaw o bridd sydd heb wres,
wanwyn i ail-greu'n hanes?
A all Ionawr fod mor llonydd
o benisel fel na fydd
i'n hil, wennol eleni?
Mae'r awel, a'i hoerfel hi,
mor ewn â mynd mewn i'r mêr.
Ai ildio i iselder
ingol yw eitha'n tynged,
a dwyn llwch ein hyd-a'n-lled
i fynwent anghyfannedd?
Holaf hyn uwchlaw ei fedd.

Islwyn addfwyn, a'i wên
loyw fel noson lawen.
O'i fyfyrgell, llyfrgell lawn
rhuddin y pen amryddawn
a gaed. Bu'n creu caneuon
hud â dawn rhoi'i fyd ar dôn.
Awdur llyfyr canrif llên
yn wylaidd ar bob dalen.
Bu'n dwyn gwanwyn i'w genedl
a phorthiant i'w chwant am chwedl
nad yw'r gaea'n dragywydd –
mai marw i fyw Cymru Fydd.

COLLI TAFODIAITH

(er cof am Dewi Emrys, awdur 'Pwllderi'*)*

Fy mhryder am 'Pwllderi' yw y daw
    rhyw don mor rhonc drosti,
    i'w wheddel weld ei boddi,
    a'i bro'n ei hanghofio hi.

Dwe ino'n ishte wên-i, yn hala
    meddilie amdani;
    clŵed rhegfeydd a gweiddi
    taw hyn fydd ei hisgrid hi.

Allwish 'trenshwn' a 'mwni', 'hen garan',
    'Dolgâr', 'pentigili',
    y 'gesel' a'r 'rhocesi',
    a'r 'hanner llŵer' i'r lli.

'Watwar adarn', 'o bwti', y 'pango',
    y 'pwnge', 'stwceidi',
    a'r 'sgrâd' – tina ofnadwi
    'sen nhw'n mynd i'r dwnshwn du.

HYDREF ETO

(Mehefin 2005)

Gwylad gêm griced yn Sain Helen wên i,
yn ystod yr hydref o haf ddechre Mehefin eleni.

'Nôl y sôn, fydd dim llain ar Sain Helen cyn hir.
Wedyn, chewn ni'm clywed ergyd saethu'r bêl i'r hewl,
neu fwstwr siarp apêl y clwstwr clòs rownd y bat.
Chewn ni'm gweld y stwmps ar whâl yn sgil dewinieth
troellwr, neu faeswr clouach na'r cyffredin.

Ie, naws gwylad wedd i'r lle pwy ddwarnod,
naws ildo i'r drefen i ga' Sain Helen weld 'i amser gore.
Wedd dim fory iddo ragor, a'i heddi'n dda i ddim,
ond i gofio hafe gole dwe ar y llain felen.

Y llain hynaws i fowlwr a batwr yn 'u tro,
ambell waith yn ffein wrth Forgannwg,
dro arall yn rhico 'da'r gwrthwynebwr.
Llain y cyfle cyfartal;
llain whare teg i Parkhouse a Shepherd;
llain pelawd drasicomig Sobers a Nash;
llain y llefen a llain y llawenydd.

Yn ddisymwth, wrth redeg drw'r llunie,
camodd dieithryn marce'r trigen o'd i'r ffrâm.
Allen i'm â chredu'n llyged;
wên i fel 'sen i dan gyfaredd wheddel.
Wedd e'r un wên, yr un ên, yr un sbit â'i da-cu,
fel 'se'r prifardd 'di atgyfodi i glywed y criced lweth,
a Dan Trimsaran wrth 'i glust yn sibrwd salm o sylwebeth.
Dim bo' rhaid ca'l llygad i bopeth. Galle'r prifardd tywyll
swynhwyro storm yn macsu yn nhyndra awr ddi-sgôr,
neu glywed cosi'r bêl yn gul bob cam i'r ffin.

Ond sàch ei fod e'r un boerad â Crwys,
wedd 'dag e'm gair o Gwmrâg.
Shwt alle fe, wedyn, weld golud 'Tut-ankh-amen'
neu nabod y datgymalu yn Nhrefîn
a hwnnw, nawr, mor greulon o eironig?
A phwy fentre gyfieithu byrdwn 'Dysgub y Dail'?

Wrth roi ffarwél i adfel Sain Helen,
wedd gwynt yr 'hydref eto' yn cosi 'ngwegil.

Y MWGYN D'WETHA

(gan ymddiheuro i Crwys, awdur 'Y Mygyn Olaf')

Wy 'di peido smoco ers mis –
am hwy na mis
a gweud y gwir,
ond, fel prifardd ym Marddas,
o'n i am gân ag iddi dwtsh o gynghanedd,
oherwydd wy'n dwlu ar y Mesure.
Eu houl ddaw â fi o 'ngwely,
eu cyffur yw 'nghysur a 'nghwsg.
Sillafe, dim defed fydd 'da-fi
iddi'u rhifo wrth glwydo'n glou.
Ond yn sydyn wy'n dihuno
deirawr cyn ca'l 'y nghadeirio,
a 'sdim llony' wedi 'nny tan y wawr.
Llyncu cytseinied fel claddu tabledi,
a drachto odle fel'se fory ddim fod.

Ond sôn am beido ca'l mwgyn o'n i.
Dreies i droeon,
ond yn ddi-ffael o'n i wastod yn ffaelu.
O'dd smoco'n ddefod fel darganfod sain odl gudd
i gau awdl-gywydd,
a'r nicotîn fel croes o gyswllt ewinog,
yn dofi'r whant fel cyffro'r draws fantach,
neu gosi croes o gyswllt,
neu hyd yn o'd snog dynned â sain gadwynog.

Ond trwy ryw ras wy 'di taro ar reswm
i ga'l ail ana'l eleni.
Mor ddisymwth chwimwth â chomet
y gweles i'r gole.
Sa i'n ca'l gweledigaethe'n amal nawr,
ond fo'lon marw, pan ddôn nhw, wy'n ddyn newy'.

49

A hwn o'dd yr aileni,
yr agoriad llygad llwyr:
am bob ffag, o'n i'n ariannu armi byffŵn;
rhoi arfe rhwng byse' babŵn,
i'r llabwst ga'l eu hala nhw'n glwstwr
yn 'yn enw i; ond cheith e'm cynhenna â neb
yn 'yn enw i, na honni hawl
i orchymyn goresgyn Irác
yn 'yn enw i, nac yn enw neb
a ddaw, ryw ddwrnod, i'n angladd i,
â'u darne cywydde er cof.

O BREN BRAF

(i Tegid, fy mab, ar ei ben-blwydd, Gorffennaf 4, 2001)

Mae eleni'n ddeugain mlynedd
o wybod fod gennyf fab.

Wedi dod i oedran dyn,
cefaist allwedd
cymesuredd
saer.

Ei ati i brofi dy bren,
mor synhwyrus
rhwng bys a bawd;
o'th foddhau â darnau da,
fe'u mesuri ddwywaith
cyn eu llifio'r
unwaith.

Cedwi dy gywirdeb yn y cydgordio
hudolus rhwng llygaid a dwylo,
fanyled â threfnu alaw
i roi gair
ar gân.

Ar ôl ei naddu i'w raen,
rwyt yn paratoi dy bren
i'w droi'n drawst,
neu i'w roi
mewn ffenest neu ddrws.

Ac i'r adeilad,
i neuadd dy saernïaeth,
daw chwa wyrthiol dy chwerthin
wrth iti greu dy aelwyd,
a chanfod diben i'th bren braf.

BEDWYR

(i gyfarch fy saer a sgwba-blymiwr o fab)

Estyn dy law.
Rho wên dy ffarwelio cyfrin
cyn esgyn i awyren fy hiraeth.

Am ryw hyd,
ni chlywi ffusto dy forthwyl
na chryndod y dril,
a bydd dannedd dy lif fel llafn dy blâm
yn segur yn y gist.

Serch dy banso ar awch dy bensil
o fodfedd i fodfedd fân,
a hofran â llygaid manwl
uwch onglau a graddau dy grefft,
yn dy galon bydd hen bendroni
ar ehangder hud y pellterau
o filltir i filltir faith.

Gwyn dy fyd!
Edmygaf gelfyddyd blaenau dy fysedd,
a deallaf gosi parod dy draed.
Ond mae yn dy waed
un elfen a fu'n benbleth i'th dad –
dy ddyhead i dwmblo i'r dwfn,
dawnsio i'r dwnshwn ar draed-hwyaden,
ac igam-ogamu din-dros-ben
â thagell sgwba ar dy gefn.
O ben draw byd deuai carden bost
i'm hiwmro â straeon carlam
am hyrddiad y morfil ac am siarad â siarc,
fel chwedlau Cai a Dylan Eil Ton.

Ond ar don stori arall y daethost ti –
stori llaw ddistaw'r llyn
yn mynnu claddu cledd.
Ac o'r diwedd, deallaf
dy fod, o'th ddod yn ddyn,
yn gwirio'r enw a gefaist o'th grud.

Plymia i forlyn dy chwedl dy hunan;
cer ar dy hedfan danfor –
cei don fel awel i'th gludo
heibio i grafion y gwymon gwamal
yng nghorwynt y cerrynt, at y cwrel,
at waelod hanes tylwyth.
Cei weld oriel dy deulu'n y dŵr
yn garn esgyrn a wasgwyd
am ei gilydd yn glymau golud.

Ond mae yn dy waed,
hefyd, y dymuniad i weld
Caledfwlch dan y môr trysorau,
a'r nwyd i ddal ei harn yn dy ddwylo.
Cer yn wynad i ddwfn dy ddyhead.
Ni chlywi ddim
namyn cynnwrf dy anadlu dy hunan.

Edmyga bob perl yn y carn;
dychmyga ddwrn Arthur amdano;
rhed dy fysedd dros awch y llafn . . .

Ond gwêl arno hefyd y gwaed . . .

Gwyn dy fyd! Eto, serch dy hudo,
gad lonydd iddo.
Heddwch i'w lwch yn y cwrel islaw,
yn irder gwain ei segurdod.

Fel hyn yr eir i'r afael â hanes:
ymhlyg yn nychymyg y chwedl
y rhown ein hunain yn rhan ohoni,
y mae'n gem yn nhomen y gwymon.

Ond mae chwaneg i'th chwedl:
croeso 'nôl i ailagor y gist.
Edmygaf dy ddwrn am y morthwyl
a'i awdurdod wrth drafod y dril;
parchaf ei afael ar blâm
sy'n llyfnu heb rychu dy bren.

Hoga dy bensil;
torra dy enw fan hyn.
Hon yw dalen anghenion cenedl:
grwndwalo, saernïo o'r newydd,
dŷ sy'n ymhŵedd am heddwch;
ailosod gwaelod i garreg aelwyd;
diddosi'r wal rhag i bla rhodres drws nesa
ein sugno i gors nes difwyno'r sylfeini;
llunio lintel a phanel, a ffrâm i ffenest
a'i gwydr o hyd yn llygad i'r wawr;
creu cegin lawn â'i haelioni'n wledd;
hongian drws derw yn hunanhyderus
a gweithio'r to i ddal gwaetha'r tywydd.

Estyn dy lif.

MEGAN A GWILYM

(Awst 20, 2006)

Dedwydd fo'ch priodas ruddem, o'i chyrraedd
â chariad mewn tandem,
heb ryw woblan yn broblem
ar eich trac, yn glir eich trem.

MARI

(Mawrth 17, 2005)

Daeth orig dathlu'r trigen; ond aros!
Daw awr pan gei'n, llawen,
ragor na'r pedwar ugen.
Wedi 'nny yr ei di'n hen!

TRYSOR

Dy bersawr sy'n dy berson; dy emwaith
sy'n dy dymer dirion;
dy frôtsh sydd yn nwfn dy fron.
Di-golur yw dy galon.

PRIODAS TEGID A KATHERINE

Rhagfyr 28, 2002.
Buont yn byw yn Llundain am bymtheng mlynedd cyn ymgartrefu
yn Y Gocet, ger Trefynwy. Mae'r ddau'n hanu o Sir Gaerfyrddin,
er bod gwreiddiau Katherine, ar ochr ei thad, yn Iwerddon.
Saer yw Tegid, ond swydd ychydig yn anghyffredin
sydd gan Katherine, sef lliwydd ffilm.

Ar ôl bwrw'r Nadolig, hyderaf
y daw'r ŵyl galennig
i addo dyddiau diddig.

Ond gŵyl rhwng y ddwy ŵyl fydd hon; un dydd
cordeddu breuddwydion
teg o waelod dwy galon.

Croesi'r ffin o brifddinas y Saeson,
i hulio'n y palas
fwrdd sy'n gynhaeaf urddas.

Y Gocet a godir eto'n Dŷ Hir.
Bydd dau yn dal eiddo
gwell nag arian dan ei do.

Saernïo'n grefftus o'r newydd aelwyd
a ddeil, ymhob tywydd,
yn Wales i ymwelydd.

A phwy fedd ddawn i gyflawni hyn oll?
Pwy'n well i'w ddiddosi
na'n Katherine-o-Erin ni?

Egyr lliwydd i'w gŵr llawen, liwiau
i oleuo'i wybren
a'i hewl dan seithliw heulwen.

Tegid, â'i ynni daionus, ŵyr werth
graenu'r pren yn garcus
wedi'i dorri'n hyderus.

Ond coeden ni ddaw'n bren braf oni wêl
hyd yn oed drwy'i gaeaf
law'r haul yn trawsliwio'r haf.

TRWBWL Y GWALLT

*(i gyfarch Owain a Lleucu, ddydd eu priodas
ger bwthyn Dewi Emrys, Talgarreg, Gorffennaf 1, 2000)*

Yma, i'r cae a'r *marquee*
daw hiraeth am 'Pwllderi',
a grym gair am 'Y Gorwel'
gan fardd y bu ei gân fel
adladd cynhaeaf Dafydd,
mor bêr ei dwf 'slawer dydd.

Nawr, y ddawn i farddoni'n
gwbwl deg, o ble daw hi?
Ai rhodd deheulaw Awen?
Ai o'i llaw y daw'n holl lên?
Mae'n groten grand – a handi
iawn bod hon, a'i nabod hi.

Ond y mae hon yn honni
gormod o glod goelia' i;
nid awen roes i Dewi
ei fawrhad fel bardd o fri.
Yn ei wallt yr oedd ei nerth,
a'i ddwyn a'i gwnâi yn ddinerth.

Rhywun ni fedr dyfu'n fardd
(heb sôn am brifio'n brifardd)
heb wallt fel llwyn ar ei ben,
a'i hem fel gallt anghymen,
yn disgyn cyd â'i ysgwydd
i'w greu yn gawr yn ein gŵydd.

Ond wele, un bore bach,
rhyw fenyw a wêl fynach
yn gorwedd yn hedd ei wâl,
a myn duw, y mae'n dial!

'O grêt!' mynte'r fenyw'n grac,
'wy'n wejen nawr i Cojac!'

Ond esboniad ei sboner,
(iddo gael ei hudo â her
siswrn nos Sadwrn sydyn)
â'i dwg hi'n gracach â'r dyn.
'Wyt ti'n gnec gwa'th na Beckham!
A wy'n mynd i ffono Mam!
. . . Mam? A'th yr hipi'n *skinhead*!
O! 'Na gawl! Beth wna i gwed?'
'Onid yw'r crwt yn idiot!'
mynte Siân â gwres i'w shot.

Storom cyn troi'n ddistawrwydd.
Halibalŵ babi blwydd
fu am sbel cyn tawelu.
Yna, gan bwyll, gwn y bu
adferiad edifeiriol.
'Owi, ga' i gwtsh yn dy gôl?'

O'r cwtsho daeth cymodi
a nesâd dau ar *settee*.
Ymorffwys ac arllwys gwin –
y wyrth oedd gwledd eu chwerthin.

Yma, i'r cae a'r *marquee*,
fel gwlith daw bendith Dewi
ar y daith. Cewch fynd ar don
hwb eithaf ein gobeithion.

A chyda chân, ewch, da chi,
â hyder i'ch Pwllderi.
Y dwfn, ni raid ei ofni.

Rhannwch a dringwch fryniau
cyfrin, a chroeswch ffiniau
cêl. 'Dyw'r gorwel byth ar gau.

I LLIO MAIR A TOM

(ar achlysur eu priodas, Gorffennaf 25, 2003)

Gwnaf, mi ganaf am gynneddf
ragorach, dyfnach na deddf
gwlad, ac am gyd-elwa dau
ar gariad gyda'r gorau.
Ar ôl dechrau'u dyddiau da
ar hewlydd aur Awstralia,
i'n rhoces, ac wyres Kitch,
arwr yw'r tal o Norwich;
ac i'r Sais, Tomos Cosson,
aeres lân yw'r Gymraes lon.

NANT GWRTHEYRN

*(i gyfarch Tom Cosson, brodor o Norwich a ymgartrefodd
yng Ngheredigion a meistroli'r Gymraeg. Mynychodd gwrs gloywi
iaith yn Nant Gwrtheyrn – y pentref a gysylltir â chwedl Rhys a
Meinir, sy'n sôn am Meinir, ar fore'i phriodas, yn cuddio mewn
ceubren. Methwyd â dod o hyd iddi, ond ymhen blynyddoedd,
pan drawyd y goeden gan fellten, darganfuwyd ei sgerbwd,
yn dal i wisgo'i ffrog briodas.)*

Est ati mor hyderus â diwrnod priodas.
Rhoes rin ei chusan ar dy wefus;
roedd blas ei thafod
yn datgan y delai, o gynghanedd
eich neithior, bleser cyd-fyw
a chyd-orwedd.

Yn Nant Gwrtheyrn
hi oedd Meinir y geiriau tirion.

Gartref yng Nghiliau Aeron
efallai y cei di siom
wrth orfod chwilio amdani.

Gwae'r dydd yr ymguddia
yng ngheubren amgueddfa.

Gwae ni os daw mellten
i'n hollti'n ddagrau
am fod y ffrog briodas
yn gwisgo angau.

Ond pan glywaf ei gloywder
hyderus ar dy wefusau,
gwn y gall dy Feinir fyw.

MYNYDD Y FORD

Cefais yr hawl, gan ei bobl, i groesi'r culfor
o'r harbwr ysblennydd dan Fynydd y Ford,
ar drywydd ei gysgod ar Ynys Robben.

Drwy'r nosau ysig
bu'n ynysig, unig yno,
ei wryd bonheddig
wedi'i wasgu'n gul rhwng pedair wal.

Dychmygais ddefod blygeiniol
plygu ei wely o wellt
a'r flanced feined â'i fyd.

Fe'i gwelais yn ei gwrcwd
a'i drowser byr dros ei draed,
yn brochgáu bwced
yng ngŵydd ei watwarwyr.

Ar draws y pryd uwd dôi'r waedd '*Val in*!'
i'w alw, fel crwt drwg,
i sefyll ei brawf yn y rheng foreol.
A oedd tri botwm ei siaced gaci wedi'u cau?
A godai'i gap i fyfïaeth warden?
A oedd ei gell yn gymen?
Pe'i ceid yn grwt da, câi falu meini;
fel arall, fe'i caethiwid yn ddigwmni,
dan orfod i fod yn fudan,
a hyd yn oed ei wahardd rhag siarad â'i hunan.

Er ynfyted y gosb, ni chollodd mo'i lais.

Mas yn y cwrt, fe'i gorfodid i fwrw'i fore
â gordd yn ei law, yn malu meini
dim ond er mwyn torri ei ysbryd.

Sawl ton hallt o hiraeth
a lifodd dan ddrysau deri a dur?
Sawl gwaedd a ollyngwyd drwy'r ffenest droedfedd
heb fynd ymhellach na'r crugyn meini
yn barod ar gyfer malad pob fory?
A sawl gair a dorrwyd o'i lythyron caru
at ei wraig a'i genedl,
gan siswrn dwrn y sensor?

Clywais amser yn llusgo yno,
drymed ag iselder.

Â dwst yr ynys dan haul didostur Ionawr
aed ag ef i geudwll chwarel
i geibio'r wythïen galch o'r garreg,
a rhofio'r gwaddod i wagen.

Er y '*Kom aan! Kom aan!*' di-baid,
a'i gannu gan y dwst
ar y dröell rhwng y gell a'r gwaith,
dwlodd ar dlysni glesni ar glawdd,
ac ar yr adar egalitaraidd
yn gwibio heibio iddo hapused eu byd.

Yn anhrefn yr awelon penrhydd,
clywai alawon cyfundrefn y cefnfor
yn ei galonogi i lanw'i wagen.

Fel y sugnai'r calch y surni o'r pridd,
heriodd ei bobl
i feddu ar y dewrder i faddau.

Er niweidio'i olwg yn ffwrnes y chwarel,
â'i lygaid eneidiol,
gwelodd, fel o gopa mynydd,
olygfa ysblennydd ei bobl
yn dod at gytgord un ford fwyd.

AR FRYN Y BRIALLU

*(ar gopa Primrose Hill, Llundain, honnir i Iolo Morganwg urddo
Taliesin, ei fab pum mlwydd, yn aelod o Orsedd Beirdd Ynys Prydain
yn ei chyfarfod cyntaf ar Alban Hefin, Mehefin 21, 1792)*

Saer maen, consuriwr meini
hen ddefod, er traddodi
i'w wlad ei hen waddol hi.

Llithiodd ddeuddeg caregan
ar hap megis o'i sgrepan
orlawn nes llunio corlan –

cylchig i'r Gwyneddigion
balch i weld rebel chwyldro'n
swyddogi Gorseddogion.

Bwriad ei fynd i Lundain
â'i gafflo oedd rhithio'r rhain
i barado'r Hen Brydain

oesol yn wlad Taliesin,
a erys, fel Aneirin,
yn gawr yng nghof ei gwerin

a'i bonedd. Ei gorsedd gudd
yno a ddaeth, a hi'n ddydd
hwyaf yr haf, yn grefydd

gyhoeddus, â phle'i gweddi
lanwedd i dduw'r goleuni.
Honnodd fod crefft barddoni

a chyfrinach fireiniol
y gynghanedd rinweddol
o ffynnon hen orffennol

Morgannwg – ie, mor gynnar
ag oes y Derwyddon gwâr
a'r duwiau droediai'i daear –

Bryn Owen ac Ewenni,
Gwenfô, Llangrallo a'r Wig,
ac Eden fendigedig

ei Drefflemin gyfriniol,
dan ei hud yn estyn 'nôl
i'r wir Athen ledrithiol

yng nghudd ei gelwydd golau,
cenllif o lawysgrifau
a chlyfrwch ei lawlyfrau.

Drwy'r Trioedd bu'n cyhoeddi
athroniaeth ei rieni,
a rhin gwerin o gewri.

Saer unigryw'r mesurau,
athrylith y rheolau,
bathwr a herwr geiriau.

Dan gyffur, ei gonsurio
ei hun i weld neb yno
ond un, yn eilun Iolo,

un a ddeuai yn ddewin;
nid oedd neb ond ei febin
dlysed â'r hen Daliesin!

PARADOCS AC EIRONI

(i gofio Gwen John)

Yn ei lluniau bach,
gwelaf gefn yn siarad cyfrolau
a gwegil yn wylo'i gweddi;
clywaf aflonyddwch dan grwyn lleianod
a grwndi cath mewn cell o stafell,
a theimlaf fywyd llonydd yn boenus o fyw.

Yr un swil, betrusgar
a'i galwodd ei hun yn artist fach ei Duw,
a ffodd â'i phalet i Ffrainc
rhag bod yn ddim ond cysgod llwyd i'w brawd;
ymgreiniodd gerbron marmor Rodin,
cyn ildio'n wrthodedig fel cath ar goll
a throi wynebau ei phaentiadau at y wal.

Ac er bod gwychder ei *Convalescent*
yn glaer ar glawr *Y Cydymaith,*
ni roir i Gwen ddim amgenach
rhwng y cloriau na sylw bach
ar odre ysblander cynfas Augustus.

PARC NEST

Prin fu fy nghân i'm prifddinas.
Cenfigennaf wrth fy mhigfelyn
sy'n ei solffeuo hi hwnt i'r ffenest
ar ben teirllath o glawdd prifet.

Bydd ganddo, yn ei *repertoire*,
alaw sy'n chware â'r bore bach,
ynghyd ag ymollwng cân werin
yn epilog gwin y machlud anochel.

Ond er iddo nythu'n ei chlawdd
a sgwlcan a phryfeta'n ei phridd,
nid Caerdydd mo ysgogydd ei gân.
Ar adain dychymyg yr eir ag yntau

draws gwlad i barc glas yn Shir Gâr,
i'r ca-bach-dan-tŷ a chlawdd cyfanfyd
cymuned y clos. Yno, â'i gerddi, egyr
ias y wawr, ynghyd â chlwy'r machlud.

I GYFARCH TUDUR DYLAN

(mewn cyfarfod dathlu yng Nghaerfyrddin, Medi 2005)

Henffych, Bencerdd Cadair Eryri, mab y Parchedicaf ym Mangor a'i wreigdda, Avril, y lanaf ar lannau Afon Menai. Am hynny, nid ydwyt Ddylan Eil Ton, chwedl cainc Math, ond Dylan Eil John ac Avril.

Y mae iti hefyd frawd, Eilir – talsyth, prydweddol, cynganeddwr o ystadegwr a fedd feddwl chwimed â thraed Sgilti; ynghyd â Nest, y galluocaf a'r hyfrytaf o chwiorydd, na fu to bach dros ei henw erioed, rhag ei chamenwi gan anwybodusion Gwynedd a Phowys.

A'r ail filflwyddiant yn heneiddio, ganed i'r Prifardd R.O. o'r Bala a'i briod Beti, Enid, ail Flodeuwedd, gan hardded ei golwg. Sef a wnaethost ti, Dylan, edrych arni, ac o'r gyfawr honno, yr oedd pob rhan ohonot yn dygyfor o serch tuag ati. Sef a wnaethoch fel deuddyn, priodi, a chenhedlu yn eich llys yn Nyfed ddwy dywysoges, Catrin a Siwan.

A'r trydydd milflwyddiant yn newyddanedig, y tywysogesi a gawsant fraint na roddir i blant eraill, sef am flwyddyn gron, byw dan yr unto â Bardd Plant Cymru; cyd-frecwasta a chyd-swpera ag enwogwr barddas, ei weld yn eillio'i ên, yn cribo'i wallt, ac ysgatfydd, yn crwydro'r llys yn dderwyddawl yn ei ŵn nos.

Trwy rithiau dy awen, Catrin a Siwan yw'r ferch yn dy awdl. Cânt fynd gyda thi ar y daith 'hyd ryw fan; y man sydd ar bob mynydd i'r rhai iau gael torri'n rhydd.' Ac at hynny, hwy yw holl blant Cymru y mynni di iddynt glywed dy chwedl. Ac at hynny eto, yr wyt tithau, bellach, gan ddisgleiried dy seren, yn rhan o'r chwedl honno.

Dad Ysgol Farddol, ddysgawdwr Y Strade, ddiacon Y Priordy, gantor Y Castell, draean Y Taeogion, Feuryn Ymryson, redegwr Marathon, llyma gân Arthur i ti:

> Dylan sy'n hedfan o hyd
> yn ddiddiwedd o ddiwyd;
> Dylan yw'r bardd arian byw,
> diwydiant y 'WAW!' ydyw.

I GYFARCH CHRISTINE JAMES

(Prifardd Coronog Eisteddfod Eryri, 2005)

Agor sawl ffenest a wnest-ti, i mi
weld mwy yn dy gerddi
na geiriau mawl i gewri.

Merched y chweched ucha'n rhy sidêt
i ryw stond y gusan.
Wedi'r goglais daw'r giglan.

Yn *La Parisienne*, Renoir, mae mwy
na mawl i Landinam
yn dy wers am ffrog *madame*.

Wrth gladdu *baguette* ddiwetydd, y llaw
a'r llais digywilydd
â i'r afael â'th grefydd.

Dan storm greulon cân onest, y gawod
sy'n dy gau mewn fforest
ar y ffin, hwnt i'r ffenest.

O'th adfyd mae'n werth hedfan am eiliad
ar gymylau arian,
buaned â'th droi'n benwan.

O'i wirfodd, ceian a roddodd ei mab
i Mair. Am na chafodd
wawl ei lili, hi wylodd.

O ddoe'r cyffwrdd a'r caffael daw heddiw,
daw dydd yr ymadael,
a gofid gollwng gafael.

Er agor ei chorff fel gorwel ar led
ar lwth, enaid dirgel
o hyd yw rhin y fodel.

Hen chwaer, â'i geiriau'n ei chôl, yn rhythu
ar rith o ddyfodol
ger ffenest ei gorffennol.

Deui â ni o'r newydd i ail-weld
y blys yn yr efydd,
a'i alw, mwyach, yn gelwydd.

Rhoist le i gewri'n dy gread; dwyn naw
dan hud dy ddehongliad,
a'u troi'n hunanbortread.

O! TYN Y GORCHUDD

*(i gyfarch Angharad Price,
Prif Lenor Eisteddfod Tyddewi, 2002)*

'Agorwyd ffynnon i'm glanhau –
Rwy'n llawenhau fod lle yn hon.'

     Hugh Jones, Maesglasau

Clywn awen cystrawennau – ac alaw
  gain galar hyd ddagrau,
 a siant nant sy'n llawenhau
 yn aria'r 'emyn gorau'.

NOSWYL IFAN

*(i Esyllt, o Dalgarreg, a Mike, o Limerick, a'u mab bach Oisín,
adeg eu priodas Mehefin 23, 2007)*

Ynghyd y down bwygilydd
dros drennydd Alban Hefin
i uno yng nghysegriad
dau gariad o ddwy werin.

Fe ddown o bell ac agos
i ddangos i ddau ddedwydd
ar anterth haf Talgarreg
mai'n hanrheg yw'n llawenydd.

A heno wedi nosi
cawn doddi 'ngwres ymddiddan
gerbron eu coelcerth garu
wrth ddathlu Noswyl Ifan.

O gylch Y Fedwen dawnsiwn
nes gwelwn wawr Sant Ioan
yn hudo c'lomen hyder
uwch cartre'r triawd diddan.

GWENAU

(i ddathlu priodas Ffion a Rhys, Gorffennaf 26, 2002,
ac er cof am dad Ffion, Rhys Tudur, 1951-1996)

Pam y mae'r byd mor amal
o blaid haid talentog, tal?
Y gwir yw, drwy'r ddaear gron,
hwynt-hwy sy â'r manteision.

Wrth erfyn esgyn ysgol
mae ieir-bach-yr ha'n fy mol,
yn hala 'nghoesau jeli
i fynd yn whip danaf i.

Ond does wal at y sîlin
i'r rhain yn broblem i'w thrin
yn rhwydd; rhyddheir y ddau hyn
rhag hôl ysgol i'w hesgyn.

A so boi ar goese byr
yn rhedeg fel creadur
hirgam, mawr. Â'i gamu mân
tra ara' yw ei draed, druan.

Â'i gêm i'w bri daeth Ffion;
mae o hyd holi am hon.
I ble'r aeth y bêl? I'r rhwyd!
Ac â'i hyd y'i basgedwyd!

Nod ei gwên yw digonedd,
llond gwlad, a llonned â gwledd;
byddai tête-à-tête â hon,
o'i gael, yn hwb i'r galon.

73

A phwy yw cymar Ffion?
Y talaf a'r mwynaf ym Môn;
Rhys Gawr, sy'n gawr o gariad,
a'i wên lawn, lonna'n y wlad.

Ond wele'r cawr hudolus
a hudwyd; i'r rhwyd aeth Rhys!
Ond Rhys sy'n hapus yn hon!
Ni wnaiff ffoi rhag gwên Ffion!

Parhaed gwên eich priodas
yn wledd na chollir ei blas
ar ôl y gwenau ffarwél
rhyngom yng ngwesty'r Angel.

Yn ddau dal yn dal dwylo,
fory rhowch eich gwên i fro;
ynoch boed, boed yn ddi-ball,
wên seriws y Rhys arall.

GARDDWR

(i gofio Gwynfor)

Trwy warchae hirlwm gaeaf, rhagwelodd
    argoelion cynhaeaf;
rhoes lawnder hyder yr haf
i genedl ar ei gwannaf.

GLYN

(er cof am Glyn Jones)

Awdur yr awen reidiol a garodd
    ei geiriau'n egnïol,
a'u dwyn hwy ar dân yn ôl
i dafodau'r dyfodol.

SHANE

(Seren y Gamp Lawn, 2008)

Â'r bêl mas o'r sgrym dy gyflymder ciwt
    a'n cwyd o'n petruster;
dy ras at y pyst a'r her
yn dy naid yw ein hyder.

TEGWYN

*(i Tegwyn Jones, Bow Street,
ar ei ben-blwydd yn 70, Mawrth 19, 2006)*

Mae geiriadur yn gwiweru'r geiriau
a roir i'w ofal mewn hir aeafau,
a'u tyrru hefyd fel aur trwy hafau
a'r iaith yn llafar ac ar ei gorau'n
eu ceseilio mewn idiomau gwisgi
a'u stôr o ynni mewn cystrawennau.

Am nabod eiliad ffrwythloni'u hadau
a gwyrth eu geni drwy groth y genau
i'w troi yn gnawd, er bod twr yn gwanhau
nes eu hebryngu'n syber i'w hangau,
rhown gadwyn o deyrngedau i fonwr,
i'r geiriadurwr sy'n garwr geiriau.

FFARWÉL FFRIND

(mewn mynwent yn Swydd Wicklow)

Ti â'r wên hael o linach Lugh,
trydan a ffrindiau oedd dy fyd;
trydan i'w hudo'n llawfedrus
i bweru, ar foreau sobor,
balasau marmor Llundain;
a'r nosau, ffrindiau i'w tanio
â cherrynt chwedlau
dan swyn dy Ynys Werdd.

Fe'n gwefreiddiwyd gan harddwch
dy gyfeillgarwch gwirion;
fe'n sobrwyd gan dristwch
y pellter rhyngot a'th blwy briw,
a'th droi cefn arno'n
ein gyrru at gyrion dagrau.

Newid cywair,
a chellwair dy straeon
yn gwreichioni'n cwmnïaeth,
cyn dy ildio i guddio'n dy goffor,
rhy gul ers tro i gywely.

Ond mawredd, mae dy fedd yn fwy!
Palas mewn mynwent o blwy,
a'th wên ar y marmor
fel trydan dy foreau sobor.

Cest groeso i'th wylnos yn y siwt-ddy'-Sul
a fenthycaist, siwrne, i neithiori ffrind
cyn i'r Angau Gwyddelig ei benthyg drachefn!

Ond ni ŵyr dy gynefin ddim am hynny,
nac am goffin dy goffor –
chwedlau ffrindiau byd arall yw'r rheini.

Ti yw'r haul rhwng y chwerthin a'r wylo
sy'n machlud heno dros Fryniau Wicklow.

MEWN ANGLADD YN TORINO

(Rhagfyr 13, 2007)

Culfor gorlif galar
yw'r Piazza San Giovanni;
curo dwylo fel tonnau'n torri,
a'r eirch yn llifo
at ogof o eglwys.

Hebrwng
Bruno, Angelo, Roberto, Antonio
at fflamau eironig canhwyllhau,
at afrlladau wynned â llosg,
a gwin goched â rhebres.

Dur y ffwrnais wynias piau
Bruno, Angelo, Roberto, Antonio,
ac ni all na gair eirias,
na disgleirdeb salm,
na defod dawdd yr ysgwyd dwylo,
eu hudo nôl i dŷ anwyliaid;
ac ni all consuriaeth seriad
honedig yr Amdo, adfer
Bruno, Angelo, Roberto, Antonio,
yn gnawd a chroen,
yn nerth bôn braich,
yn ddwylo llawdde,
yn llais i air na lefarwyd eto,
yn gof i berthyn,
yn gôl i gwtsho,
gan nad consuriwr
yn troi ei ffon hud uwch pair trueni
mo'r Ymgymerwr Mawr.

Wedi'r angladd, cyffwrdd ag ymyl
cysgod yr Amdo,
ac arswydo imi ond y dim ildio
i ledrith crair,
a hwnnw, yn ôl pob tebyg, yn ffug.

Dod o'r ogof, a'r piazza waced
â thraeth â'i ddydd ar drai,
a'r tonnau nawr yn rhy bell
i'w clywed yn torri.
Saif gwylan ynysig ar dŵr
a gwrid y machlud yn ei phluf,
mor unig ag enaid heb ffydd.

Mae ias y ddinas ddur
finioced â chreigiau Rhagfyr.
Ni allaf bellach, ond tynnu fy amwisg
yn dynnach amdanaf.

OEDFA

*(rhwng saith munud i ddeuddeg y nos ac un munud ar ddeg wedi tri
y bore, ar ôl tanchwa mewn glofa yng Ngorllewin Virginia,
Ionawr 2006)*

Am deirawr hir a rhagor,
fe'th glodforwyd i'r cymylau
am i Ti dynnu deuddeg gwyrth o'r tân;
a dyblwyd, treblwyd *Mor fawr wyt Ti*
ar ein hynys felys o fawl.

Fe'u gwelem yn camu'n ddiogel i gapel y gân;
fe'u cofleidiem wresoced â'r gred yn Dy Grist;
rhoem ein dagrau i lanhau niwed y nwyon
a llwch y düwch wedi'r danchwa;
clywem deuluoedd briwedig yn ailgydio
yn nhynerwch tawelwch ei gilydd,
yn union fel yr arfaethaist i bethau fod
ymhell cyn i bren Dy Eden dreiglo'n lo.

Yn sydyn, roedd yr oedfa'n yfflon.

Celwyddau oedd y gwyrthiau i gyd.
Roedd y deuddeg yn farw gelain,
wedi'u mogi â monocsid.

A chan Dy fod yn hollwybodol
fe wyddet Ti hynny ers teirawr;
ond cuddiaist y gwir rhag Dy bobol
gan i Ti feddwi ar fawl –
y Diawl.

Y MAE AMSER I BOB PETH

(Ray Gravell)

Encyd anwar ei daro, a munud
    gas yr amen, eto'r
    awr rhoi Grav yn wâr i'r gro,
    a'r eiliad i dair wylo.

GWYDION

(Eirug Wyn)

Eirug Wyn, Gwydion drygioni hynod,
    y doniol o ddifri;
    yn swyn ei hwyl gwelson ni
    ddewiniaeth yn ddaioni.

DEWRDER

(Henry Down)

Aethost at derfyn eithaf
    y drin i roi llawnder haf
    yn hael i'th rai anwylaf.

PRIODAS DDA

(i ddathlu priodas Dylan Foster Evans ac Anna Finn,
Awst 19, 2006)

Annwyl Dylan ac Anna,
ddydd aur eich priodas dda
a gŵyl wâr hwyrnos eich gwledd,
fe eiliwn i'ch gorfoledd.

Seiniwyd y 'gwnaf' ag afiaith
di-ddadl, mewn cytgord ddwy waith,
a thystiwyd ym Methesda
ddod y ddau yn ddeuawd dda.

.Mor brydferth yw'ch cyd-chwerthin
â thinciad ein gwydriad gwin;
down yn gynnud â'n gwenau
a'n 'hiechyd da' i chi'ch dau.

AGORAWD EICH DEUAWD YW

(i ddathlu priodas Eleri, o Gaerdydd, a Jonathan, o Gaerloyw,
Ionawr 5, 2008)

Daw dwy wlad i haul y wledd,
dwy genedl i'w digonedd,
dwy hil i'w huno'n deulu,
yn gymun teg mewn un tŷ;
dwy dre, dau darddle, dwy iaith,
dwy alaw o ddwy dalaith.

Ond yma nawr dyma ni
i gyd ar adain godi
uwchlaw hyn; mae'n uchel ŵyl
galennig i lu annwyl;
awn uched â'r ehedydd
coeth, yn dwlu dathlu dydd
priodas wen dyn a menyw;
agorawd eich deuawd yw.

CYD-DDRINGO

(Gorffennaf 21, 2007, adeg priodas Rhian a Paul,
wedi i'w llwybrau groesi ar Everest)

O'n blaen y mae mynydd i'w ddringo;
fe'i gwelwn yno'n ein herio,
yn deffro'r dyhead i fentro
o undonedd y gwastadeddau.

Dechrau dringo, ac fe'n cyffroir
gan droeon annisgwyl ein llwybr,
gan yr olygfa newydd
rhwng crib ac awyr,
rhwng craig a nef.

A phan dariwn am ennyd
i adfer ein hanadl
tra syllwn o'n hôl oddi tanom,
gwelwn y gwastadeddau
fel tirlun arlunydd
a'u cyfaredd yn wyrthiol o newydd;
bydd llewyrch o'r uchelfannau
yn lliwio llinellau cilfachau cynefin
nes creu llun anghyffredin
na welsom o'r blaen.

Ailddechrau dringo
a chraffu ar hollt yn y graig
i gynnal dwylo a thraed;
edmygu planhigyn
wedi bwrw gwreiddyn
er llymder prinder y pridd;
ac o gael byw'r eiliad
pan fydd dringwr arall,

megis o las yr awyr
neu o ganol hudol y niwl
ar drywydd estyn at yr un grib,
ein cyd-ddringo a dry'n gyd-fyw
ar y copaon.

Wedyn, cawn gyd-ddisgyn yn ddau
i fwynhau'r gwastad, yn gariad i gyd.

CAPEL ROSLYN

(Yn 2006, darganfuwyd dull o gynhyrchu cerddoriaeth a fu'n guddiedig am bum can mlynedd mewn blychau yn y bwâu uwchben yr allor. Cysylltir y capel â chwedl tadolaeth Iesu, y dyfaliad na fu farw ar Galfaria a'r honiad mai ei briodas â Mair Fadlen oedd yr un yng Nghana Galilea)

Ai dyma guddle'r Greal?
Ai fan hyn, tu cefn i wal,
y gorwedd crair y creiriau?
Ai fan hyn y mae dyfnhau
naill ai'n cred neu'n hanghred ni?
Fe ddeil yn noddfa addoli
i blwyfolion uniongred,
ond i griw y rhai di-gred,
ac i mi ag amheuon
yn bla, amgueddfa yw hon
i dyaid o gredoau
a byd cyfriniol bwâu.
Beth yw tric y cerrig hyn,
yr islais yng ngherdd Roslyn?

Beth oedd gwir hanes Iesu?
A aeth ef drwy'r Groglith ddu
i'w arwyl am rai oriau
nes i wawr y Sul nesáu
a'i alw'n fyw lan o'i fedd
i rodio gardd hygrededd?
Neu a heriwyd camwri'i
friwo hyll ar Galfari
o'i roi'n wron i orwedd
yn fyw o hyd yn ei fedd?
Yna'i ollwng yn holliach
o'i loes, i epilio ach

87

a chreu hir gof am brofiad
Iesu'n dwlu bod yn dad.

A wna'r islais yn Roslyn
feiddio dweud mai fe oedd dyn
hapusaf treflan Cana
ddydd hwyl ei briodas dda,
a'r Fadlen yn ei enwi'n
ŵr gwledd ei digonedd gwin?
Ac a oedd y datguddiad,
y dôi ef ryw ddydd yn dad,
yn hiwmor eu neithiori,
fel y mae yn falm i mi?
Os canmol ei dadolaeth
burlan wna hen gytgan gaeth
miwsig cudd y cerrig hyn,
dafn hygred yw fy neigryn.

MEWN UN CAE

Mewn un cae mae haenau cof. Ar un bryn
bu bwrw haul i'r ogof
ddi-hun sy'n fagddu ynof.

Yn wyneb haul, canlyn poen yw 'nhynged
ddiarbed at ddirboen,
a garwhau mae'r tân ar groen.

Dân eingion nad â'n angof, O gwared
bob gwyriad ohonof.
Rho wewyr dy fflam drwof.

WRTH BWY Y LLEFARAF?

Wrth bwy y llefaraf
pan blygaf lin
ufudd mewn defod –
ai wrthyf fy hun?

A sut y derbyniaf
'fod arfer hir
cau llen fy llygaid
yn f'agor i'r gwir?

A pham y dewisaf
roi dwylo'n dynn,
fel tawn ar blymio
i ddirgel rhyw lyn?

A'r benbleth dragwyddol –
sut un a all
ateb un weddi,
a gwrthod y llall?

COLOMENNOD, MISSOURI, PASG 2006

(cyfieithiad o 'Doves, Missouri, Easter 2006', *Jon Dressel)*

Nid adar yr Ysbryd Glân mo'r rhain,
y rhai a dyrr o'r nef yn fflamau purwyn,
ond adar pob arwyl, â gwawr o ddüwch
galar ar flaenau eu hadenydd llwyd.

Fe'u gwelaf yn y gwli, yn sgwlcan
yn y borfa fras, a minnau'n cario sbwriel
wythnos arall mas; a phan af atynt,
codant fry o'm blaen yn raslon lân,

gan agor gwyntyll eu cynffonnau
am amrantiad yn wynder gwawriau.
Buan y dychwelant, mynd a dod yn barau,
i gystadlu â haid o ddrudwns cecrus

ac adar mân y to, ac â chrawcian brain
sy'n dod ar wyllt yn gawod ddu fel gwyll
ar ôl prynhawniau'n lloffa perci llafur pell.
Ac eto, ni pherthyn yr adar rheini i'r rhain,

am mai prinnach ŷnt, a mil tebycach
i'r cardinaliaid cochblu sy'n chwibanu
o'r golwg dan gochl dail y sycamorwydd,
gan ddewis fflachio weithiau fel cusanau

tafodau tân. Pe bawn i'n Ddafydd bêr ei gân,
y rhain yw'r adar llatai a anfonwn heno draw
i Gymru, o waelod calon fy nghyfandir clwyfus
sy dan wasgfa gwarchae ei derfysgaeth,

sy'n ofni'i gysgod dan gochl deneued â dail,
i roi i chi addewid y daw, o'r diwedd, heddwch.
Ond nid Dafydd mohonof, a rhaid i'r adar hyn
aros yma'n alarwyr i dorri ar dangnefedd gwawr.

HWYADEN Y PENTECOST

(fersiwn o 'Pentecost Duck', *Jon Dressel)*

Roedd tri chrwt yn eu harddegau cynnar,
meibion tadau ffyniannus dinas ar domen
slag, mas am sbort un nos Sul ym Mehefin.
Cludai un hwyaden wen, dew mewn sach.

Roedd y capel bach yn fangre i bobl y bryniau,
gwerin wydn Tennessee a ddaeth i'r dre ddur
ar lannau Mississippi, i weithio caib-a-rhaw
yn y felin. Trigent yn eu cytiau pren amrwd

yr ochr chwith i'r cledrau; rhai byrbwyll,
balch o'u ffiniau, yn ymateb gyda'u dyrnau,
a gawsai dwtsh o grefydd anarferol, yn ôl
y farn gyffredin, a hwythau'n gwingo'n

sgrechlyd ac weithiau'n trafod nadroedd byw.
Blwch oedd eu capel pren heb na ffenest liw
na meindwr, ei baent yn plisgo, a'i faint yn bitw
o'i gymharu â'r dderwen enfawr oedd o'i flaen.

'Fe safwn ni tu fas i wrando,' meddai un o'r cryts.
'A hwythe'n galw ar yr Ysbryd a wedyn dechre
griddfan – 'na pryd y mentrwn arni, halio'r
hwyaden miwn a mynd o 'ma fel y cythrel!'

Tri llechgi'n cripan drwy'r cysgodion draw i'r cefn;
goleuadau'n llifo trwy'r ffenestri lled-y-pen
i'r awel wresog; clywed sibrwd – ac yna'n sydyn,
lais yn gweiddi, cyn distewi'n raddol, ac ailgodi

wrth alw ar yr Ysbryd; clywed celfi'n symud,
ac yna riddfan gyddfol. Estynnodd un o'r cryts
i'r sach; clywodd guriad calon yr hwyaden
dan bluf ei bron. Ailgododd y griddfannau –

ac fe'i haliwyd. Clywed gweiddi, adenydd gwyllt
yn curo, un wawch enbyd, a thawelwch. A'r cryts
fel delwau. Ac yna'n od a chan bwyll bach, cân adar
yn codi, yn meddiannu'r nos. A gweld, o'u blaen,

ryw ffurf, rhyw wynder, yn ymddangos a diflannu
uwchben y dderwen ddu. A'r cryts yn dianc
am eu bywyd i lawr y lôn, credai un, heb ddweud
wrth neb, iddo glywed 'Haleliwia' yn ei enaid cêl.

YMWELD Â DA-CU

(fersiwn o 'A Visit to Grandpa's', *Dylan Thomas)*

Ganol nos fe ddihunais o freuddwyd yn llawn chwipiau a rhaffau cyhyd â nadredd, a wagenni wedi rhedeg yn wyllt drwy fylchau mynyddig, a charlamau dwys, gwyntog dros gaeau cacti, pan glywais y dyn yn y stafell wely nesa'n gweiddi 'Ji-yp!' a 'Wê!' ac yn trotian ei dafod ar ei daflod mor daer.

Dyna'r tro cyntaf i fi aros yn nhŷ Da-cu. Roedd estyll y lloriau wedi gwichad fel llygod bach pan ddringais i'r gwely, a'r llygod bach rhwng y muriau'n gwichian fel estyll, fel petai ymwelydd arall yn cerdded drostynt. Er ei bod hi'n noson fwynaidd, hafaidd, bu llenni'n ysgwyd a changhennau'n clatsho ffenest. Rown i wedi tynnu'r dillad dros fy mhen, ac mewn chwincad yn bugunad ar garlam trwy lyfr.

'Wê, 'y mois bach i!' gwaeddodd Da-cu. Roedd ei lais yn ifanc a chryf. Roedd gan ei dafod garnau pwerus, a dôl werdd oedd ei stafell wely. Meddyliais yr awn i weld a oedd e'n dost, neu wedi rhoi dillad ei wely ar dân, oherwydd haerai Mam ei fod yn tano'i bib dan y blancedi, ac fe'm rhybuddiwyd ganddi i redeg i'w helpu pe gwyntwn fwg yn y nos. Es ar flaenau fy nhraed drwy'r tywyllwch at ddrws ei stafell, gan rwbo'n erbyn y celfi a bwrw canhwyllbren i'r llawr. Fe ges i ofn o weld golau'n y stafell, ac fel yr agorwn y drws gwaeddodd Da-cu 'Ji-yp!' mor uchel â tharw â megaffon.

Roedd yr henwr ar ei eistedd yn y gwely ac yn siglo o'r naill ochr i'r llall fel petai'r gwely ar lôn anwastad; clymau ymylon y garthen oedd ei awenau; safai'i geffylau yn y cysgod wrth draed y gwely. Dros ei grys-nos gwlanen gwisgai wasgod goch â botymau efydd mor fawr â chnau Ffrengig. Roedd ei bib orlawn yn mudlosgi yng nghanol ei wisgers fel rhic wair fach yn fflamgoch ar frigyn. O'm gweld, gollyngodd yr awenau ac ymlonyddodd ei ddwylo'n leision ar y garthen; distawodd y tafod, a safodd y ceffylau a'r gwely ar lôn wastad.

Mentrais ofyn, 'O's rhwbeth yn bod, Da-cu?' er y gwelwn nad oedd ei wely ar dân. Yng ngolau'r gannwyll roedd ei wyneb cwilt rhacs fel petai'n hongian ar gefnlen dywyll, a chlytiau fel barfau geifr drosto i gyd.

Syllodd arna' i'n fwynaidd. Chwythodd drwy'i bib gan wasgaru'r gwreichion cyn gwlychu'r goes fel whisl yng nghafn ei geg, a gweiddi: 'Paid gofyn dim!'

Ar ôl ysbaid, gofynnodd yn slei bach: 'Fyddi di'n ca'l hunllefe, grwt?'

'Na fydda', Da-cu.'

'Byddi 'te!'

Dwedais wrtho i fi gael fy nihuno gan lais yn gweiddi ar geffylau.

'Beth wedes i? Wyt ti'n byta gormod. Pwy glywodd am geffyle mewn stafell wely?'

Ymbalfalodd dan ei obennydd ac wedi dod o hyd i gwdyn bach tinclyd aeth ati i ddatod cwlwm ei linyn yn ofalus. Rhoddodd sofren i fi a dweud: 'Pryna gacen.' Diolchais a dymuno nos da iddo.

Fel y caewn ddrws fy stafell clywn ei lais yn gweiddi'n uchel a siriol, 'Ji-yp! Ji-yp!' ac ysgwyd y gwely crwydrol.

Fore trannoeth dihunais o freuddwyd am geffylau tanllyd ar baith a chelfi'n blith-draphlith, ac am ddynion anferthol cymylog yn brochgáu chwe cheffyl ar y tro a'u chwipio â dillad gwely ar dân. Roedd Da-cu'n brecwasta mewn dillad galar. Ar ôl bwyta'i wala, ac wrth fynd i eistedd yn ei gadair freichiau i wneud peli clai ar gyfer y tân, dwedodd; 'O'dd 'na wynt ofnadw o gryf neithwr'. Yn ddiweddarach, aeth â fi am dro drwy bentre Johnstown ac i mewn i'r caeau ar ffordd Llansteffan.

Dwedodd dyn â milgi, 'Ma' hi'n fore neis, Mr. Thomas,' ac ar ôl iddo ddiflannu deneued â'i filgi i mewn i goedlan o goed byrion na ddylai fod wedi mynd iddi oherwydd y rhybuddion, dwedodd Da-cu: 'Nawrte, glywest ti beth alwodd e ti? Mister!'

Wrth inni fynd heibio i fân fythynnod, llongyferchid Da-cu ar hyfrydwch y bore gan yr holl ddynion a bwysai ar eu clwydi. Aethom drwy allt yn fyw o sguthanod, a'r rheiny'n chwalu, â'u hadenydd, ddelltweithiau o fân ganghennau wrth hastu at frigau'r coed. O blith y lleisiau meddal dedwydd a'r hedfan croch, llywaeth, daeth llais Da-cu, fel dyn yn gweiddi ar draws cae: ''Se ti'n clywed yr hen adar 'na'n y nos, fe ddihunet ti fi, a gweud bod ceffyle'n y co'd.'

Daethom yn ein hôl gan bwyll oherwydd ei flinder. Ymddangosodd y dyn tenau o'r goedlan waharddedig yn magu cwningen ar ei fraich mor dirion â braich croten fach mewn llawes gynnes.

Ar y diwrnod olaf ond un o'm hymweliad ces fynd i Lansteffan mewn trap yn cael ei halio gan boni byr, gwanllyd. Gallasai Da-cu fod yn gyrru ych gwyllt, gan mor dynn y daliai'r awenau, gan mor ffyrnig y byddai'n clecian y chwip, gan mor gableddus y byddai'i rybuddion i'r bechgynnach yn chwarae ar y ffordd, gan mor styfnig y safai â'i goesau socasog ar led wrth regi nerth cythreulig a phenstiffni ei boni sigledig.

'Dal sownd!' gwaeddai bob tro y deuem at gornel, ac yntau'n tynnu a phlwco a halio a chwysu a chwifio'i chwip fel cleddyf rwber. Ac ar ôl i'r poni lusgo'n llipa rownd pob cornel byddai Da-cu'n troi ataf a dweud: 'Ddethon ni trw' honna, 'to, grwt.'

Ar ôl cyrraedd pentre Llansteffan ar ben y bryn, gadawodd Da-cu'r trap ar bwys 'Edwinsford Arms' a dweud wrth y poni wrth roi lwmpyn o siwgur yn faldod iddo: 'Wyt ti'n boni rhy wan, Jim, i dynnu dynion trwm fel ni.'

Prynodd Da-cu beint o gwrw cryf iddo fe'i hunan a lemonêd i fi, a thalu Mrs Edwinsford â sofren o'r cwdyn tinclyd; gofynnodd hi am gyflwr ei iechyd a dwedodd yntau fod Llangadog yn garedicach i'r hen fegin. Aethom i weld yr eglwys a'r môr, eistedd yng nghoedlan y Sticks a sefyll ar y llwyfan cyngerdd yng nghanol y goedlan lle y canai ymwelwyr ar nosweithiau canol haf, a lle, flwyddyn ar ôl blwyddyn, y câi diniweityn y pentre ei ethol yn faer. Safodd Da-cu ger porth yr eglwys ac edrych heibio i'r glwyd harn ar y meini angylaidd a'r croesau pren tlodaidd, a dweud: ''Sdim sens mewn gorwe' fan'na.'

Roedd y daith tua thre'n un ffyrnig: roedd Jim yn ych gwyllt eto.

Dihunais yn hwyr y bore olaf, o freuddwydion am fôr Llansteffan yn cludo cychod hwyliau llachar cyhyd â llongau mawrion; ac am gorau nefolaidd yn y Sticks yng ngwisg yr Orsedd a gwasgodau â botymau efydd, yn canu ffarwél i'r morwyr mewn Cymraeg go ryfedd. Nid oedd Da-cu wrth y ford frecwast; roedd wedi codi'n gynnar. Cerddais innau'n y caeau â ffon dafl newydd, a saethais at wylanod afon Tywi a brain yng nghoed y persondy. Chwythai awelon twym o lecynnau hafaidd y tywydd; dringodd tarth y bore o'r ddaear a hofran ymhlith y coed nes cuddio'r adar swnllyd; drwy'r tarth a'r gwynt hedfanodd fy mhoplys fel cesair mewn byd â'i ben i lawr. Ni syrthiodd yr un deryn drwy'r bore.

Torrais fy ffon dafl a dychwelais i'r pryd canol dydd drwy berllan y person. Unwaith, meddai Da-cu, fe brynodd y person dair hwyaden yn Ffair Caerfyrddin a gwneud llyn iddynt ar ganol yr ardd, ond roedd yn well ganddynt fynd i'r gwter o dan risiau trothwy brau y tŷ, i nofio a chwacian fan'ny. Pan gyrhaeddais ben llwybr y berllan edrychais drwy dwll yn y clawdd a gweld fod y person wedi gwneud twnel drwy'r cerrig gosod a oedd rhwng y gwter a'r llyn ac wedi plannu arwydd a gyhoeddai'n hollol glir: 'Ffor' hyn ma'r llyn'.

Roedd yr hwyaid yn dal i nofio o dan y trothwy.

Nid oedd Da-cu yn y bwthyn. Es i'r ardd, ond doedd Da-cu ddim yn syllu ar y coed ffrwythau. Gwaeddais ar ddyn a bwysai ar bâl yn y cae y tu hwnt i glawdd yr ardd: 'Odych chi 'di gweld Da-cu bore 'ma?'

Ailgydiodd yn ei balu a dweud dros ei ysgwydd: 'Weles i fe'n ei wasgod ore.'

Roedd Griff y barbwr yn byw yn y bwthyn nesa. Gelwais arno drwy'r drws agored: 'Mr Griff, odych chi wedi gweld Da-cu?'

Daeth y barbwr mas yn llewys ei grys.

'Ma' fe'n gwisgo'i wasgod ore,' meddwn. Wyddwn i ddim a oedd hynny'n bwysig, ond yn y nos yn unig yr arferai Da-cu wisgo'i wasgod.

'Fuodd Da-cu yn Llansteffan?' gofynnodd y barbwr yn bryderus.

'Do. Ddo', yn y trap bach.'

Aeth i'r tŷ ar hast a dod mas wedyn mewn cot wen ac yn cario ffon liwgar, streipog. Brasgamodd i lawr stryd y pentre a minnau'n rhedeg yn ei gysgod.

Wrth ddod at siop y teilwr, gwaeddodd, 'Dan!' a chamodd Dan Teilwr o'i ffenest lle'r eisteddai fel offeiriad o'r India, ond bod hat galed ar ei ben. 'Ma' Dai Thomas yn gwisgo'i wasgod' meddai Griff, 'a ma' fe wedi bod yn Llansteffan.'

Fel yr estynnai Dan Teilwr am ei got fawr roedd Mr Griff yn brasgamu rhagddo. 'Wil Evans,' galwodd tu fas i siop y saer, 'Ma' Dai Thomas wedi bod yn Llansteffan a ma' fe'n gwisgo'i wasgod.'

'Weda i wrth Morgan nawr,' meddai gwraig y saer, o grombil tywyllwch a sŵn morthwylio a llifio'r siop.

Galw wedyn yn siop y bwtsiwr a thŷ Mr Price, a Mr Griff yn ail-adrodd ei neges fel crïwr tref.

Ymgasglodd pawb ar sgwâr Johnstown. Dan Teilwr ar ei feic, Mr Price yn ei drap-a-poni. Dringodd Mr Griff, y bwtsiwr, Morgan y saer a minnau i mewn i'r cerbyd sigledig, a bant â ni, drot drot, i dre Caer-fyrddin. Y teilwr oedd yn arwain, yn canu'i gloch fel pe bai tŷ ar dân neu ladrad wedi digwydd, ac fe ddiflannodd hen fenyw o glwyd ei bwthyn ar waelod y stryd fel cath i gythraul. Chwifiodd menyw arall facyn lliwgar.

'Ble y'n ni'n mynd?' gofynnais.

Roedd cymdogion Da-cu mor ddifrifol â hen ddynion mewn dillad galar ar gyrion ffair. Siglodd Mr Griff ei ben yn sobor iawn: 'O'n i'm wedi erfyn hyn 'to, 'da Dai Thomas.'

'Dim ar ôl tro dwetha,' meddai Mr Price, yn bendrist.

Ymlaen yr aethom, gan gropian lan Constitution Hill a chlecian lawr Lammas Street, a'r teilwr yn dal i ganu'i gloch, a chi yn sgathru â sgrech heibio'i olwynion. Fel yr aem, clipa-di-clop dros y cobls i lawr i gyfeiriad pont Tywi cofiwn am deithiau beunosol swnllyd Da-cu a siglai'r gwely nes ysgwyd y muriau, a gwelais, fel mewn gweledigaeth, ei wasgod ysblennydd a'i ben cwilt rhacs tuswog yn gwenu yng ngolau'r gannwyll. Trodd y teilwr yn ei sêt nes peri i'r beic woblo a sgido. 'Wy'n gweld Dai Thomas!' gwaeddodd.

Ratlodd y trap at y bont, a gwelais Da-cu yno: disgleiriai botymau'i wasgod yn yr haul; gwisgai ei drowser dy' Sul du, tyn a hat uchel â dwst cwpwrt yr atig yn dal arni; a chariai hen fag. Moesymgrymodd. 'Bore da, Mr Price, a Mr Griff a Mr Morgan a Mr Evans. Bore da, grwt.'

Pwyntiodd Mr Griff ei ffon streipog ato.

'A beth y'ch chi'n feddwl y'ch chi'n neud ar bont Caerfyrddin ganol prynhawn yn 'ych gwasgod ore a'ch hen hat?'

Nid atebodd Da-cu, ond trodd ei wyneb at awel yr afon, a gosod ei farf i siglo fel dawns, fel pe bai'n siarad wrth wylio dynion y cyryglau'n symud fel crwbanod y môr ar y lan.

Cododd Mr Griff ei bolyn barbwr byr. 'A ble y'ch chi'n meddwl y'ch chi'n mynd â'ch hen fag bach du?'

Atebodd Da-cu: 'Wy'n mynd i Langadog i ga'l 'y nghladdu.' Ac fe wyliodd gwrwgl yn llithro'n ysgafn fel cragen i'r dŵr, a gwylanod yn achwyn uwchben y dŵr â'i heigiau o bysgod mor chwerw ag achwyn Mr Price pan ddwedodd:

'Ond so chi 'di marw, 'to, Dai Thomas.'

Ystyriodd Da-cu am foment, ac yna: ''Sdim sens mewn gorwe'n farw'n Llansteffan. Ma'r pridd yn gyffwrddus yn Llangadog; a gallwch symud byse'ch tra'd heb 'u rhoi nhw'n y môr.'

Symudodd ei gymdogion yn nes ato, a dweud: 'So chi wedi marw, Mr Thomas.'

98

'Shwt allwch chi ga'l 'ych claddu, wedyn?'

''Sneb yn mynd i'ch claddu chi'n Llansteffan.'

'Dewch gatre, Mr Thomas.'

'Ma' 'na gwrw cryf i de.'

'A chacen.'

Ond safodd Da-cu'n stwbwrn ar y bont, yn gafael yn dynn yn ei fag, ac yn syllu ar yr afon lifeiriol a'r awyr, fel proffwyd nad oes ganddo unrhyw amheuaeth.

FERN HILL

(fersiwn o gerdd Dylan Thomas)

Pan o'n i'n rhwydd o ifanc dan ganghennau'r afallen
ger y tŷ seinber ac mor hapus â glesni'r borfa,
a'r nos uwchben y pant yn serennog,
amser a'm goddefodd i gyfarch a dringo'n euraid
yn anterth dyddiau ei lygaid,
ac mor anrhydeddus oeddwn ymhlith wagenni
fel y'm gwnaed yn dywysog y trefi afalau,
ac un tro dan amser, trefnais, ag urddas, i'r coed deiliog
ddiferu llygaid y dydd a barlys
i afonydd y goleuni disymwth.

A phan o'n i'n laslanc ysgafnfryd, yn rhywun ymhlith ysguboriau
o gylch y clos dedwydd ac yn moli cartrefoldeb y ffarm,
dan yr haul nad yw'n ifanc ond unwaith,
amser a'm goddefodd i chwarae
a'm heuro yn nhrugaredd ei drugareddau,
a minnau newydd fy mathu, rown i'n heliwr a chowman,
clywn gydganu'r lloi â'm corn a chyfarth cadnoid y bryniau
        yn iasoer glir,
ac atseiniai'r Saboth dioglyd
yng ngraean y nentydd cysegredig.

Roedd amser ar redeg drwy'r haul hir, hyfryd,
a'r perci gwair gyfuwch â'r tŷ, a'r alawon yn codi o'r simneiau
i'r awyr i chwarae yn ddyfrllyd hyfryd,
a thân ffyrniced â phorfa.
A beunos dan y sêr syml
fel y brochgáwn i'r cae nos, âi'r gwdihŵs â'r ffarm i ffwrdd,
ac ar hyd y lloer hir fe glywn, yn fendigaid ymhlith stablau,
weilch y nos ar wib gyda'r teisi,
a'r ceffylau'n tasgu i'r tywyllwch.

Ac wedyn, dihuno, a'r ffarm yn dychwel fel crwydryn gwyn
gan wlith, a'i geiliog ar ei ysgwydd: a'r cyfan
mor ddisglair, fel Adda a'i forwyn,
ailgronnodd yr awyr
a phelennodd yr haul yr union ddiwrnod hwnnw.
Felly yr oedd hi, mae'n rhaid, ar ôl geni'r golau syml
yn y lle chwyrlïog cyntaf, a'r ceffylau syfrdan yn camu'n wresog
mas o'r stabal las weryrog
i'r meysydd mawl.

Ac yn anrhydeddus ymhlith cadnoid a ffesantod ger y tŷ hapus
dan y cymylau newyddanedig, mor llon â hyd y galon
yn yr haul ganedig trachefn a thrachefn,
rhedwn yn ddihidans,
yn flys ar frys drwy'r gwair fel talcen tŷ,
heb fecso dim yn fy musnes dan awyr las, fod gan amser,
yn ei holl droeon seinber, gyn lleied o ganu plygain
cyn i'r plantos ir ac euraid
ei ddilyn mas o ras,

heb fecso dim, yn y dyddiau gwyn fel ŵyn,
yr âi amser â mi gerfydd cysgod fy llaw
i lofft dan ei sang o wenoliaid,
yn y lleuad sy'n tragwyddol godi,
nac ychwaith wrth farchogaeth i gysgu,
y'i clywn yn gwibio gyda'r perci uchel
a dihuno i weld y ffarm wedi ffoi am byth o'r wlad ddi-blant.
O, pan o'n i'n rhwydd o ifanc yn nhrugaredd ei drugareddau,
amser a'm daliodd yn ir a marwol
er i mi ganu yn fy nghadwyni fel y don.

WEDI'R CYNHEBRWNG

(fersiwn o 'After the funeral' *Dylan Thomas)*

Wedi oernadau moliannus mulod y cynhebrwng,
clustiau fel hwyliau rhaflog, dawns dap-dap hapus
carnau mwfflog ag un peg eisoes yn nhrwch bedd,
clorio'r amrannau, pardduo'r dannedd, poeri
o'r llygaid, a llanw llewys â llynnoedd heilltion,

ergyd gynnar ddisymwth y bâl a ddeffry gwsg
nes ysgwyd crwt diflas i agor ei gorn gwddf
yn afagddu'r arch a gollwng dail sychion,
a dyrr un asgwrn â fflach gliried â chledren barn,
wedi'r wledd chwerw felys hyd y fyl o ddagrau

mewn parlwr â'i gadno stwffedig a'i redyn sych,
safaf, ar gyfer hyn o goffâd, ar fy mhen fy hunan
am oriau wylofus i wylad y wargrwm gelain Ann
y bu pistyll ei chalon gwflog yn arllwys i bwdeli
ar draws crastiroedd Gwalia gyfan, a boddi pob haul

(er bod hon iddi hithau'n ddelwedd echryslon
wedi'i chwyddo'n ddwl hwnt i fawl; roedd ei thranc
yn ddiferyn llonydd; ni ddewisai hi i mi suddo
i lif sanctaidd enwogrwydd ei chalon; gorweddai'n
ddwysfud heb angen derwydd i'w chorff briw).

Ond fel bardd Ann ar faen llog yr aelwyd, galwaf
ar foroedd yr hollfyd i beri i'w rhinwedd wylaidd
faldorddi fel bwi cloch dros bennau'r capelwyr,
ac i blygu parwydydd gelltydd y cadnoid a'r rhedyn
fel bo'i serch yn suo ganu drwy dŷ cwrdd y coed

gan fendithio'i hysbryd crwm ar groesfan adar.
Er bod iddi gnawd mor llarïaidd â llaeth, y cerflun
talsyth hwn a'r fron wyllt a'r benglog gawraidd
fendigaid a naddwyd ohoni ym mharlwr y ffenest
wleb yn nhŷ'r galar enbydus mewn blwyddyn gam.

Gwn y gorwedd ei dwylo diymhongar chwerw loyw
â chrefydd yn eu clamp, ei sibrwd hendraul
yng nghors gair, ei chrebwyll wedi'i reibo'n dwll,
a dwrn ei hwyneb wedi'i gau yn dynn am boen;
a charreg nadd yw Ann yn ddeg a thrigain oed.

Bydd y dwylo marmor hyn, a dwyllwyd i'r cymylau,
y trafod coffaol hwn o'r llais nadd, ei oslef a'i salm,
am byth yn fy mytheirio uwchben ei beddrod,
nes i ysgyfant sych y cadno roi plwc a chyfarth Serch
ac i'r rhedyn torsyth hau ei hadau dan y ffenest erch.

YN BUR GYNNAR UN BORE

(fersiwn o 'Quite Early One Morning', *Dylan Thomas)*

Yn bur gynnar un bore o aeaf yng Nghymru, ar lan môr a orweddai mor las lonydd â phorfa, ar ôl noson o dwmblo dolefus, du fel col-tar, mentrais o'r tŷ lle y lletywn ar wyliau annhymhorol, oer, i weld a oedd hi'n dal i fwrw glaw, i weld a oedd y tŷ mas wedi mynd i'w dre-dîn gyda'r tato a'r gwelle a'r cewyll-dala-crancod a'r gwenwyn lladd llygod a'r hoelion yn poeri eu rhwd at y gwynt, ac i weld a oedd pob clogwyn yno o hyd.

Neithiwr, yn y bar llawn mwg a lluniau llongau, taerodd un y gallai deimlo ei garreg fedd yn siglo er nad oedd wedi marw – neu o leiaf ei bod hi'n cyffro; ond roedd hi'n fore o osteg disglair fel y bydd rhywun wastad yn dychmygu y bydd pob yfory'n disgleirio.

Goleuodd yr haul y dre fôr, nid i gyd ar unwaith ond mewn gwahanol haenau disglair o'r brig i lawr, o do sinc capel ceryddgar at warws llwyd yn yr harbwr, yn wag o bopeth ond llygod a sibrydion. Fan draw, does neb ar ysgwydd y cei, ar wahân i'r gwylanod a'r capstanau fel dynionach mewn trowseri tiwbaidd. Fan hyn, to gorsaf yr heddlu, cyn dued â helmet, mor sych â gwŷs, mor sobor â Saboth. Fan draw, yr eglwys wlych, ac uwch ei phen, gwmwl yn hofran fel cloch yn barod i grwydro a chanu. Fan hyn, shimneiau'r dafarn binc-galchog, y dafarn a ddisgwyliai am nos Sadwrn fel y disgwylia croten ry barod am forwyr.

Nid oedd y dre ar ddi-hun eto. Daliai dyn y llath i orwedd ym mwstwr a miwsig ei freuddwydion Cymreig a Chymraeg, a lleisiau hiraethus tenoriaid cryfach na Caruso, melysach na Ben Davies, yn dringo'n gyffro i gyd heibio i Cloth Hall a Manchester House at y bryniau barugog.

Nid oedd y dre ar ddi-hun eto. Babanod, yng ngoruwchystafelloedd tai purlan, yn hongian uwchben dyfroedd, neu yn y *villas* a'u ffenestri bwa'n cwtsho'n deidi ac eto'n sigledig ar lonydd llethrog coediog, yn crynu'r golau â'u sgrechiadau rhwng cwsg ac effro. Cymysgedd o gapteiniaid llongau ymddeoledig yn dod mas am eiliad o dan donnau dyfnach na'r rhai a dwmblodd eu llongau hwythau erioed, cyn boddi eilwaith wrth suddo i lawr ac i lawr i lesni heli Canolforol caban eu cwsg, wrth gael eu hudo gan acenion y môr yng nghregyn eu clustiau. Landledis yn cysgu'n eu blowsus a'u siolau a'u ffedogau mewn llofft-ydd llennog duon a fu unwaith yn sbâr, yn cofio'u cariadon, eu biliau a'u hymwelwyr – meirwon sy naill ai ar ffo neu wedi'u claddu yn anial-diroedd Lloegr cyn i drwmped yr Awst drud nesaf eu hatgyfodi i fyd gwyliau glawog, clogwyn digalon, a thywod tu hwnt i ffenestri wylofus parlyrau ffrynt â'u llieiniau taselog, rhedyn potiedig, ffesantod stwffedig, ffotograffau meirwon, barfog, llawdrwm wrthi'n pylu, albwms llofnodion â chudyn gwallt rhubanog, llipa, di-liw yn hongian mas rhwng y cloriau tewion, tywyll.

Nid oedd y dre ar ddi-hun eto. Canai adar o dan fargodion, mewn llwyni a choed, ar wifrau telegraff, reilins, ffensys, polion a hwylbrenni gwlyb, nid o gariad neu londer ond er mwyn rhoi 'sa'-draw!' i adar eraill. Roedd y landlordiaid pluog yn amau hawl hyd yn oed y goleuni hedfanol i ddisgyn a chlwydo.

Nid oedd y dre ar ddi-hun eto, ac fe gerddais fel dieithryn yn dod o'r môr, gan ysgwyd oddi ar fy ngwar, gyda phob cam, wymon a thon a thywyllwch, neu fel cysgod busneslyd, yn benderfynol o beidio â cholli dim – y cryndod rhagarweiniol yng ngwddf ceiliog y wawr, neu bwniad cyntaf grŵn yr amser penodedig ym mola'r cloc larwm ar ben y coffor, yn drwm gan fân dlysau o dan adnod y sampler a lluniau dyfrlliw o waith llaw o Borthcawl neu Drinidad.

Cerddais heibio i ffenestri bychain pip-ar-y-môr, gan wybod fod dynion a menwod addfwyn heb fod ar ddi-hun eto y tu cefn i'w llenni, ac am a wyddwn i, yn breuddwydio'n ofnadwy o ffyrnig. Ym mhen Miss Hughes, 'Cwtsh Clyd', roedd symbalau'n diasbedain; eunuchiaid yn taro gongiau cymaint â Chapel Bethesda; a Swltaniaid â lleisiau ffyrnicach na phregethwyr gwadd yn mynnu'r ddawns fwyaf Anghym-reig. Ymhobman tywynnai, pelydrai lliwiau breuddwydion y fenyw fach welw-lwyd – porffor, coch, rhuddem, saffir, emrallt, fermiliwn, mêl. Ond ni fedrwn i gredu'r peth. Roedd hi'n gweu yn ei byd cysglyd, cym-hennus, amwisg wlanen lwydfelen, â 'Na Wna' ar y fynwes.

Ni fedrwn ddychmygu Cadwaladr Davies, y groser, ar ddihuno o'i freuddwyd, ar gefn ei geffyl, ddewred â Cody, yn magu dau ddryll wrth garlamu dros gacti'r peithdiroedd. Roedd yn ado, tynnu bant, der-bynebu, a ffeilo cyfrif enfawr gan roi'i gannwyll mewn wy powdwr.

Pa foroedd mawr o freuddwydion a chwyddai yng nghwsg y Capten? Dros ba donnau glas fel morfilod yr hwyliodd drwy enfys o gawod o bysgod ar hedfan i gyfeiliant hudolus ynys fochynnaidd Circe? Na chaniatewch iddo freuddwydio am ddifidendau a chwrw potel a wynwns.

Mewn un tŷ roedd rhywun yn chwyrnu. Rhifais ddeg rhochiad ffyrnig a griddfannau fel rhai mochyn mewn ffarm fodel ddi-fwd, a ddaeth i ben â sgytwad i ffenest, chwalad i fasin molchi, malad i fwg dannedd, a dihunad i bathew. Fe'm dilynwyd gan y daran at reilins y capel cyn iddi ddiflannu'n aflafar.

Safai'r capel yn ddidostur a llwyd i rybuddio'r dydd na fyddai dim dwli. Nid oedd y capel yn cysgu. Fyddai hwnnnw byth yn hepian, byth yn topi, byth yn cau'i lygad hirgul, oer. Fe'i gadewais yn rhoi pryd o dafod i'r bore gan adael gwylan dan gerydd yn barlys uwchben.

Ac wrth ddringo lan o'r dre clywais geiliogod yn canu o'r ffermydd cuddiedig ar hen sgimbrenni uwchlaw'r tonnau lle y gallai adar-môr fod yn clwydo ac yn gweiddi: 'Neifion!'. Canodd cloch o bellter rhyw eglwys arall mewn pentre arall mewn bydysawd arall, er i'r gwynt chwythu'r amser bant. Ac fe gerddais yn y bore diamser heibio i res o fythynnod gwynion, yn hanner erfyn gweld hen ddyn â barf hirfaith ag awring glas a phladur o dan fraich ei ŵn nos yn pwyso drwy'r ffenest i ofyn i mi faint oedd hi o'r gloch. Dwedwn wrtho: 'Cwyd, hen wrth-wynebydd curiadau calonnau albatrosod, a dihuna gysgwyr anferth y dre i fore newydd disgleirwyn.' Dwedwn wrtho: 'Ti, anhygoel dad Efa a Dai Adda, dere mas, 'rhen geiliog, a rho dro i'r bore â llwy dy bladur.' Dwedwn wrtho – fel ysbryd wedi'i sgaldanu, sgathrwn dros y clogwyni i lawr at y môr dwyieithog.

Pwy oedd trigolion y bythynnod hyn? Dieithryn oeddwn i yn y dre fôr, yn newydd ac yn hen o'r ddinas lle'r enillwn fy mara menyn gan ddymuno iddo fod yn fara-lawr ac yn fenyn cartre, hallt, lliw melynwy. Pysgotwyr, yn bendant; nid peintwyr, ar wahân eu bod nhw'n beintwyr cychod; nid menywod mewn dillad dynion a'u ffyn eistedd a'u llyfrau braslunio a lleisiau fel macawiaid yn tynnu lluniau pennau cyndyn brodorion beirniadol, cydnerth a safodd bob yn beint gyferbyn â môr mor dywyll â chapel, a lesid yn lasach na bae Napoli – er yn fasach.

Cerddais lwybr y clogwyn eto, y dre tu cefn ac o danaf nawr yn dihuno gan bwyll bach; sefais a throi i syllu. Mwg o un shimne – un y crydd, meddyliais, ond o'r pellter yna gallai fod yn shimne'r hen greadur amhoblogaidd hwnnw o nyrs a ymfudodd i Gymru ar ôl blynyddoedd maith o ymgodymu'n llwyddiannus â phobol gyfoethog penwan de Lloegr. Nid oedd neb yn ei hoffi. Byddai'n eich mesur â'i lygad yn garcus ar gyfer eich clymu'n ei wasgod gaeth; fe'ch gwelai yn bownso o wal i wal rwber fel pêl sorbo. Nid oedd unrhyw ymddygiad yn ei synnu. Byddai amryw o drigolion y dre'n ei chael hi'n anodd peidio â phipo'n slei arno'n sydyn rownd cornel, neu ddawnsio'n ddirdynnol, neu bwyntio bys a chwerthin â hiwmor diawledig o dda at ysgarmesoedd anweledig, yn unswydd er mwyn profi iddo eu bod yn normal.

Mwg o shimne arall nawr. Roedden nhw'n llosgi'u breuddwydion neithiwr. Lan drwy shimne fe gododd drychiolaeth hirwalltog fel hen wleidydd. Roedd rhywun wedi bod yn breuddwydio am y Blaid Rydd-frydol. Ond na, ymnyddodd y cymeriad llwyd, myglyd ac ymdeneuo'n goma cwmws, coeth. Roedd rhywun wedi bod yn breuddwydio am Charles Morgan. O! Roedd y dre'n dihuno nawr ac fe glywn yn daer o glir uwchlaw'r môr araf ei barabl, leisiau'n cael eu chwythu tuag ataf. A dywedodd rhai o'r lleisiau:

Fi yw Miss May Hughes, 'Cwtsh Clyd', menyw fach unig,
Yn disgwyl yn ei thŷ ar bwys y môr gwenwynig,
Yn disgwyl am ei gŵr a'i babi colledig
I ddod gatre o'r diwedd o rywle pellennig.

Fi yw Capten Bach Ifans, gynt o'r *Cydweli.*
Ma' Mrs Bach Ifans yn 'i bedd nawr ers amser.
'Druan bach ag e' mynte'i gymdogion.
Ond ar ôl claddu'r sguthan wy'n hynod fodlon.

Clara Tawe Jenkins, 'Madam' i chithau,
Contralto, wedi'i gwishgo, fwy neu lai,
Yn ishte'n y ffenest yn canu i'r heli,
So hwnnw'n sylwi bod y llais ar drai.

Y Parchedig Thomas Evans yn yfed te deg,
Te gwan iawn, hefyd, 'sdim iws 'i fradu.
Bob bore'n neud te yn y tŷ ger y foryd,
Ma' 'da fi un gofid, a hwnnw yw credu.

Tynnwch y llenni. Cynnwch y tân. Pam cadw gweision?
Fi yw Mrs Ogmore Pritchard, ma' cysgu'n hwyr yn fwynhad.
Dwstwch y tseina, sgubwch y parlwr a bwydwch y bwji;
A chyn i'r houl ga'l dod miwn, gofalwch bo' fe'n sychu'i dra'd.

Wy'n neb ond Mr. Griffiths, B.A., Aber, byr iawn 'y ngolwg.
Rhaid llyncu'r wy cyn llusgo i'r ysgol.
O! nawddsant athrawon, rho imi'r ddawn i ddisgyblu,
A gwared fi rhag y graffiti – 'Griffiths yw'r diafol.'

A glywch chi'r chwibanu? Fi sy' 'ma, Phoebe,
Morwyn King's Head yn chwibanu fel deryn.
Sarnodd rhywun dun pupur i'r te yn y gegin.
Fe gnoa' i'n nhafod cyn neud brecwast i grugyn.

Fel yna y bu i rai o leisiau'r dref sy'n glynu wrth glogwyn ym mhen
pellaf Cymru, ddihuno o ddüwch eu cwsg i fore newydd-anedig, hynafol
a bythol, i ddweud eu dweud, a distewi.

Y PELICAN

(fersiwn o 'Do not go gentle into that good night', *Dylan Thomas, sef ei gerdd i'w dad, D. J. Thomas, yn ystod ei gystudd hir yn Pelican House, Talacharn)*

Paid â mynd i'r nos heb ofyn pam;
ysa, yn dy henaint, am droi'n gas
wrth y drefn a fyn ddifodi'r fflam.

Doethion yn eu noethni'n mentro'r cam
lawr i bwll heb olau ar y ffas,
ân' nhw ddim yn llwch heb ofyn pam.

Dynion da'n eu dagrau'n cofio cam
alw dawns y don mewn cilfach las,
ân' nhw ddim i'r dwfn heb ofyn pam.

Dynion gwyllt a gipiai, o roi llam,
hynt yr haul ar gân, cyn colli blas,
ân' nhw ddim yn bridd heb ofyn pam.

Gwŷr y beddau'n llon er gweld, yn gam,
wreichion gwib ffwrneisi'r sêr ar ras,
ân' nhw ddim i'r gwag heb ofyn pam.

Tithau 'nhad, yng ngwagle'r Pelican,
rhega fi â'th ddagrau llym, di-ras.
Paid â mynd i'r nos heb ofyn pam
wrth y drefn a fyn ddifodi'r fflam.

Y SIWRNE NÔL

(fersiwn o ran o 'Return Journey', *Dylan Thomas)*

LLAIS

Roedd hi'n fore eirwyn yn High Street, heb ddim i atal yr eirwynt rhag chwipio lan o'r dociau, oherwydd lle bu trwch o siopau uchel yn cysgodi'r dref rhag y môr, roedd gwastad beddi'r blitz dan farmor eira. Mor garcus â chathod ar ddŵr, cerddai cŵn ar draws yr adeiladau diflanedig fel pe bai'u pawennau mewn menig. Pranciai bechgynnach, uchel a chlir eu cloch, ar ben adfeilion siop gemist a rwbel siop sgidiau, a thaflai croten fach unig, a chap-â-phig ar ei phen, beli eira mewn gardd rewllyd, anghyfannedd a fu unwaith yn Jug and Bottle y Prince of Wales. Torrai'r gwynt trwy'r stryd, â sŵn myglyd y môr yn hongian ar ei fraich fel hwter mewn mwffler, fel y dechreuwn chwilio drwy dref Abertawe yn gynnar y bore caled hwnnw o Chwefror. Es i mewn i westy. 'Bore da.'

Dim ymateb gan y porthor. Iddo fe, dim ond dyn eira arall o'n i. Ni wyddai fy mod yn chwilio am rywun ar ôl bwlch o bedair blynedd ar ddeg. Safodd a rhynnu wrth rythu drwy wydr drws y gwesty ar y pluf eira'n hwylio ar yr awyr fel conffeti yn Siberia. Roedd y bar newydd agor, ond roedd un cwsmer eisoes yno'n fyr ei wynt ac yn crynu wrth y cownter. Mentrais gynnig bore da i'r barmeid ond troi at ei chwsmer cyntaf fynnodd hi:

BARMEID

Weles i'r ffilm yn yr Elysium Mr Griffiths 'na eira ontefe ddethoch chi ar 'ych beic bostodd 'yn pibe ni dy' Llun . . .

LLAIS

Peint o gwrw, os gwelwch yn dda.

BARMEID

O'dd llawr y gegin fel llyn gorfod gwishgo welingtons i ferwi wy swllt a grot plis . . .

110

CWSMER

Ma'r oerfel yn 'y nharo i fan hyn . . .

BARMEID

. . . wyth ceinog o newid 'ych afu chi yw hwnna Mr Griffiths chi 'di bod
ar y coco 'to . . .

LLAIS

'Sgwn i a odych chi'n cofio ffrind i fi? O'dd e'n arfer dod i'r bar 'ma,
'slawer dy'. Bob bore, marce'r amser hyn.

CWSMER

Jyst fan hyn ma' fe'n 'y nharo i. Sa i'n gwbod beth ddigwydde 'sen i'm
yn gwishgo bandyn . . .

BARMEID

Beth yw 'i enw fe?

LLAIS

Thomas Ifanc.

BARMEID

Ma' crigyn o Domosied yn dod fan hyn fel ail gatre i Domosied on'd
yw e Mr Griffiths shwt un yw e?

LLAIS

Fe fydde fe marce dwy ar bymtheg neu ddeunaw . . .

BARMEID

. . . Fues inne'n ddwy ar bymtheg unwaith . . .

LLAIS

. . . rywfaint yn dalach na'r cyffredin. Hynny yw, cyffredin i Gymru.
Beth wy'n treial gweud yw bo' fe'n bum trodfedd whech modfedd a
hanner. Gwefuse gweflog; trwyn pwt; gwallt cwrlog, lliw llygoden; un
dant bla'n wedi torri ar ôl whare gêm Cath a Ffon yn y Mermaid ym
Mwmbwls; siarad yn faldodus; ymosodol; gwên-deg; yn lico dangos 'i

hunan; chi'n gwbod, trowser dwgyd fale ond yn ffaelu ffwrdo brecwast; wedi arfer cyhoeddi cerddi'n yr *Herald of Wales*; o'dd 'na un am berfformiad awyr agored o *Electra* yng ngardd Mrs Berti Perkins yn Sgeti; byw'n yr Uplands; Bohemiad rhwysgfawr, anaeddfed, plwyfol, yn gwishgo tei glymog, drwchus – mewn gwirionedd, sgarff ei whâr o'dd hi ond dda'th hi byth i wbod ble a'th hi – a chrys criced wedi'i liwo'n wyrdd tywyll; llanc baldorddus, uchelgeisiol, esgus bod yn galed; ymhongar; ac ambell ddafaden, 'fyd.

BARMEID
'Na eire posh pam chi'n moyn 'i ffindo *fe* dwtshen i'm ag *e* â pholyn lein ddillad. . . 'nelech chi, Mr Griffiths? Cofiwch, so chi byth yn gwbod. Wy'n cofio dyn yn dod â mwnci miwn fan hyn. Gofyn am hanner iddo fe'i hunan a peint i'r mwnci. A dim o bant o'dd e. Siarad Cwmrag fel pregethwr.

CWSMER
Wy'n rhyw feddwl bo' fi'n cofio'r bachan s'da chi. Chelech chi byth dou'n debyg 'ddo fe, gobeitho. O'dd e'n arfer gweitho 'da'r *Evening Post*. Lawr yn y Three Lamps welech chi fe yn codi'r bys bach.

LLAIS
Shwt le sy'n y Three Lamps nawr?

CWSMER
So fe 'na. So fe 'na, ragor. 'Sdim byd 'na. Chi'n cofio siop Ben Evans? Drws nesa i honno. A so Ben Evans 'na ragor.

LLAIS
Es mas o'r gwesty i'r eira a cherdded lawr High Street, heibio i'r diffeithle gwyn gwastad lle bu'r holl siopau. Tŷ Burton, Tŷ Boots, Tŷ Stead an' Simpson. Heibio i'r twll lle bu Tŷ Hodges, i lawr Castle Street, heibio i siopau anweledig Crouch y Jeweller, Master's Outfitters ac wrth gwrs, y Kardomah . . . Ar bwys adeilad yr *Evening Post* a chornelyn o adfail y Castell, cwrddais â dyn a oedd yn fy atgoffa o wyneb cyfarwydd flynyddoedd maith, maith yn ôl. Dwedais wrtho: 'Tybed, allwch chi weud 'tha i . . .'

FFORDDOLYN

Ie?

LLAIS

Rhythai arnaf o berfedd sgarff drwchus a balaclafa dan haenen o eira, fel Esgimo a chanddo gydwybod. 'O'ch chi'n arfer nabod llanc o'r enw Thomas Ifanc? O'dd e'n arfer gweitho ar y *Post* mewn hen got fowr ag iddi leinin sgwarog, a honno ambell waith, wedi'i throi tu fiwn tu fas fel y gallech whare draffts arni. O'dd e'n gwishgo woodbine ymwybodol, 'fyd . . .'

FFORDDOLYN

Beth y'ch chi'n feddwl, woodbine ymwybodol?

LLAIS

. . . a phanso i wargrymu fel dyn papur newydd hyd yn o'd mewn cyfarfod o Byfflos Gorseinon . . .

FFORDDOLYN

O! *Hwnnw*! Ma' arno fe hanner coron i fi. Sa i 'di 'i weld e ers dyddie'r Kardomah, slawer dy'. O'dd e'm yn gweitho ar y papur pry'nny. Newydd adel yr ysgol o'dd e. Fe a Charlie Fisher – ma' wishgeren 'da Charlie nawr – a Tom Warner a Fred Janes, yn drachto coffi . . . yn dadle'n dragwyddol.

LLAIS

Am beth?

FFORDDOLYN

Cerddorieth, barddonieth, arlunio, gwleidyddieth. Einstein, Epstein, Stravinsky a Greta Garbo, ange a chrefydd, Picasso a chrotesi . . .

LLAIS

A wedyn?

FFORDDOLYN

Comiwnyddieth, symbolieth, Bradman, Braque, Michelangelo, ping-pong, uchelgais, Sibelius, a chrotesi . . .

113

LLAIS
'Na gyd?

FFORDDOLYN
Ac fel y bydde Dan Jones yn creu'r symffoni ryfedda', a Fred Janes
yn peinto'r llun manyla a pherta, a Charlie Fisher yn dala'r brithyll
disgleiria', a Vernon Watkins a Thomas Ifanc yn eilio'r cerddi twyma',
ac yn bygwth canu clyche Llunden a'i pheinto hi fel hwren . . .

LLAIS
A wedyn?

FFORDDOLYN
Trafod Augustus John, Carnera, Dracula, Amy Johnson, arian poced, y
môr Cymreig, sêr Llunden, King Kong, anarchieth, T. S. Eliot, a chrotesi
. . . Duw, ma' hi'n gafel!

LLAIS
Aeth ymlaen ar hast i'r eira chwyrlïog, heb fore da na ffarwél, yn drwm
ei glyw ar ynys o wlanen, a'm gadael i deimlo nad oedd, efallai, wedi
aros o gwbwl i sôn am un cyfnod diflanedig arall ym mhererindod y
crwt yr o'n i ar ei drywydd. Roedd y Kardomah wedi'i ddymchwel i'r
eira, a lleisiau cwsmeriaid y coffi – beirdd, arlunwyr a cherddorion ar
ddechrau'u gyrfaoedd – ar goll yn ras wyllt damwain-a-hap y
blynyddoedd a'r pluf. Roedd fy siwrne'n fy arwain yn ôl, heibio i
dafarn a gwaith a chaffi at yr Ysgol.

(Cloch ysgol)

ATHRO
O! Odw glei, wy'n 'i gofio fe'n glir,
er sa i'n gwbod a fydden i'n 'i nabod e nawr;
'sneb yn mynd yn ifancach, na dod yn rhagorach,
a bydd cryts yn prifio'n fath o ddynion y bydden i'n disgwyl iddyn
nhw fod,
er, ambell waith, bydd y mwstashus yn peri dryswch,
a bydd hi'n anodd cysoni'r cof am grwt bach brwnt yr olwg
a fyddai'n treial, heb lwyddo, osgoi rhyw waith cartre,

114

â sarjant mejyr ffyrnig yn fedalau i gyd ac yn dad i dri o blant;
a bydd hi'n anodd derbyn taw'r rebel bach anniben,
a gas 'i unig eiliad o enwogrwydd
wrth ennill pencampwriaeth y gystadleuaeth boeri,
erbyn hyn, efallai, yw'ch rheolwr banc chi.
O odw, wy'n 'i gofio fe'n glir, y crwt y'ch chi'n whilo amdano:
tebyg i'r mwyafrif o gryts, dim gwell, dim gwaeth;
copïo, mitsho, sarnu inc, ratlo desg,
cawdelu gwersi gyda'r gwaetha' ohonyn nhw;
cilwenu, troi'r gath yn badell, gwingo, nadu, seboni, poenydio,
gwrido, twyllo, a checial fel un a aned i arfer unrhyw ystryw dan haul;
cwato'n y clôcrwm adeg gwers algebra,
cecran â'r gweddïau boreol,
ac aralleirio'r emynau â chymalau amharchus;
helpu i ddifa riwbob y prifathro,
dod yn drydydd ar ddeg ar hugen yn trigonometri,
ac fel y gellid disgwyl, golygu Cylchgrawn Yr Ysgol.

LLAIS

Es i igam-ogam lawr y rhiw a ddallwyd gan eirwynt yn chwipio o'r
môr, a phlethu rhwng pobol dan gwiltiau gwynion yn cerdded lan a
lawr fel gwelyau pluf yn prowlan. Camu'n llafurus hyd at fy mhigyrnau
drwy'r cwmwl a ewynnai'r dref, i gyrraedd gwastad Gower Street, a'i
hadeiladau toddedig, ac ar hyd hyd hirfaith St. Helen's Road. Erbyn
hyn roedd y siwrne'n fy arwain at y traeth. Dim ond dau greadur byw
a safai ar y promenâd ar bwys y senotaff wyneb yn wyneb â chynnwrf
crisial y môr; dyn a chap llygota a mwffler cnöedig, a'i fwngrel crac.
Petrusodd y dyn yn yr oerfel a churo'i ddwylo glasddu, noeth, yn
disgwyl am unrhyw arwydd o gyfeiriad môr ac eira; ceryddodd y ci y
tywydd, a hoelio'i lygaid gwaetgoch ar Mumbles Head. Ond pan
glywodd e'r dyn a fi'n siarad â'n gilydd, fe hoeliodd ei lygaid arnaf
finnau a'm beio innau am yr eira. Cyfarchodd y dyn y môr. O'r naill
flwyddyn i'r llall, drwy bob tywydd, beunydd, beunos, deuai i gael pip
arno. Roedd e'n gyfarwydd â'r holl gŵn a'r hen ddynion a'r cryts a
ymwelai â'r traeth; byddai'n nabod y cariadon a orweddai'n y twyni, y
menywod gwrywaidd a frasgamai gan ruo ar eu daeargwn fel dofwyr
teigrod, a'r dynion dioglyd na wnâi ddim ond llygadu cyflogaeth
enfawr y môr.

DYN Y PROMENÂD

O, odw odw, wy'n 'i gofio fe'n glir, ond sa i'n gwbod beth o'dd 'i enw fe. Sa i'n gwbod enwe dim un o'r bois o'dd yn arfer hala'u hamser ar y tra'th. Rhyw beder ar ddeg neu bwmtheg o'd, wedoch chi, a chap bach coch. Ac o'dd e'n arfer whare ar bwys Nant Vivian. A whilibawan dan y pontydd, wedoch chi, a whare 'mbytu ar y reilwei a bugutan â'r hen fôr. Bydde fe'n segura rhwng y twyni a sylwi ar y tancyrs a'r tynfade a'r llonge bananas yn dod mas o'r docs. O'dd e'n golygu rhedeg bant dros y môr, mynte fe. Ar brynhawn Sadwrn fe ele fe draw at y môr pan o'dd hwnnw ar drai, a chlywed y cyrn niwl, er bo' fe'n ffaelu gweld y llonge. Ac ar nos Sulie, ar ôl cwrdd, bydde fe'n swagro gyda'i fêts ar hyd y prom, yn whistlan ar ôl y crotesi.

(Piffian croten)

CROTEN

Ody dy fam yn gwbod bo' ti mas? Bagla hi o'ma nawr. Gad lonydd i ni.

(Piffian croten arall)

CROTEN

Paid ti gweud dim, Hetty, 'mond arwen e mla'n wyt ti. Dim diolch yn fowr, Mr Eger, a dy whilia posh yn hat drilbi dy dad! Nagw i'n moyn mynd am unrhyw wâc ar unrhyw dra'th. Beth ti'n weud? W! Gronda 'no fe, Het, ma' fe 'di llyncu llyfyr. Nadw. Sa i'n moyn mynd 'da neb lan unrhyw lôn yng ngole unrhyw leuad, diolch yn fowr. A ta beth, prin dod mas o dy gewyn wyt ti, achos wy 'di dy weld ti'n mynd i'r ysgol ar hyd Terrace Road, Mr Ewn, a dy satshel a dy gap bach coch a chwbwl. Ti 'di ngweld i'n gwishgo . . . naddo, dim byth 'te! Hetty, carca dy lasys! Hetty Harris, ti cyn'rwg â nhw bob tamed. O cer o'ma, 'sdim gwaith catre 'da ti? W! Eger! Hetty Harris, paid ti mentro gadel 'ddo fe! O! 'Na ewn! Wel, dim ond i ben draw'r prom, os ti'n moyn. Dim modfedd pellach, cofia . . .

DYN Y PROMENÂD

O o'n 'te, o'n i'n 'i nabod e'n dda. O'n i'n nabod milo'dd tebyg iddo fe.

LLAIS

Hyd yn oed nawr, a'r rhodfa wedi rhewi, o'r pellter uchel clywn y cryts, bob un ohonynt mor debyg i'r crwt ro'n i'n chwilio amdano, yn llithro ar stania'r nentydd, ac â pheli eira, yn cledro'i gilydd, ynghyd â'r awyr. Wedyn fe ddes o'r môr heibio i siopau a thai yr Uplands. Fan hyn y dechreuodd siwrne'r un yr o'n i'n ei gwrso ar hyd ei orffennol. Es i mewn i Barc Cwmdonkin, a'r eira'n dal i hwylio. Roedd y cyfnos yn plygu'i garthen am y Parc fel eira arall, tywyllach. Cyn hir byddai cloch cau'r clwydi'n canu, er bod y Parc yn wag. Ar ei rownd feunosol cerddai'r ceidwad heibio i'r gronfa ddŵr lle'r arferai elyrch hwylio. Cydgerddais ag ef dros ystodau'r llwybrau, a'i holi; mynd heibio i welyau gwynion, cladd, a'r coed gorlwythog gwyngalchog a di-aderyn, at y glwyd olaf.

CEIDWAD Y PARC

O, o'n, o'n, o'n i'n 'i nabod e'n dda. O'dd e'n arfer dringo reilins y gronfa a phelto'r hen elyrch. Rhedeg fel y cythrel dros y borfa na ddylech redeg drosto. Rhwygo brige, canghenne o'r co'd. Naddu geire ar y ffwrwme. Cwnnu mwswm o'r gerddi cerrig a whare dwli rhwng y dahlias. Wmladd yn y bandstand. Dringo'r elmwydd a chlwydo ar frig y brige fel gwdihŵ. Cynnu tane'n y llwyni. Whare ar y llechwedd irlas. O, o'n, o'n i'n 'i nabod e'n dda. Wy'n credu bo' fe'n hapus drw'r amser. Wy 'di nabod milo'dd tebyg iddo fe.

LLAIS

Wele gyrraedd y glwyd olaf. Caeodd y cyfnos amdanom ac am y dref. Gofynnais: Beth yw 'i hanes e nawr?

CEIDWAD Y PARC

Wedi marw.

LLAIS

Meddai Ceidwad y Parc:

(Cloch y parc yn canu)

CEIDWAD Y PARC

Wedi marw . . . yn gelain . . . gelain . . . gorn.

OFON

'Ma' ofon arna i.'

Wedd hi'n ca'l 'i byta'n ddim.
Wrth 'i chario o'i chader i'r gwely
yn rŵm ganol drwgargol y dishgwl,
mor frou â llyfyr yn mallu,
mor ysgon â babi,
'na'th e'm gofyn, 'Ofon beth?'
Achos wedd ofon arno ynte 'fyd.

Ond dda'th hi byth i wbod.

Iddi hi, mab yn credu wedd e,
mab piwr uniongred capel,
pob adnod yn wir,
pob emyn yn canu,
pob pregeth yn glir.

Ond fe gath e goleg i studio llyfre,
i fagu barn ar Y Llyfyr.

Wedd ca'l ofon ddim yn ddierth iddi:
colli merch yn flwydd o'd
wedi gwbod o'i geni
na wedd dim dod i'r un fach.

A'r ofon pan ga'th 'i gŵr 'i daro,
'i gario o'r boudy i'r gwely mewn cader,
i orwe' fan'ny ar asgwrn 'i gefen
am hydre crwn fel deilen yn crino;

a'r mab yn gofidio –
am aelwyd heb dad,
ac am orfod gohirio gyrfa.

Mynd ar 'i linie heb i neb wbod:
mas yn y berllan, draw yn Cwm Bach,
lan yn y storws, ar ben rhic yr ydlan –
ta ble gele fe gapel iddo fe'i hunan,
fan'ny y bydde fe'n ceuad 'i lyged
i fegian a begian
am ga'l gweld 'i dad ar 'i dra'd.

A do, fe atebwd 'i weddi;
wedd Duw yn 'i nefo'dd
a'r tad yn 'i foudy.

Wedd 'i chario i'r bedd ddim yn dreth,
ar wahân i drymder yr hireth.
Pan roiodd y pregethwr hi'n saff yn y nefo'dd,
fe wenodd –
ac ynte'n gwlwm
rhwng bendith a melltith 'i anghredinieth.
Tra wedd 'i fam mas o'i hofon,
wedd ynte'n 'i ganol.

Heb i neb wbod,
fe geith 'i demto o hyd
i fynd ar 'i linie,
sàch bo' fe'n ame
taw siarad â'i hunan ma' fe.

A'r ofon sy'n 'i fyta fe
yw yr eith ynte
wedyn
yn
ddim
yw
d
i
m

FFIN

Er rhoi'n coel ar Copernicus,
o dro i dro agorir drws
ar theatr rhith
tirio'r haul . . .

Mae'n fachlud, â llaw Gwydion
yn hud arno, yn cloi'n diwrnod
o hydref, a ni'n mynd adref, ein dau,
drwy wagedd anheddau gau,
a gynnau
a bwganod brain
anhapus bryniau Epynt.

Gwyliwn, drwy lygaid ein gilydd,
gyfnos braf, act olaf ein dydd
diddan; yr haul ar ddiflannu'n
rhudd dros rimyn y dibyn du'n

araf, araf wrth fynd am fôr
Iwerydd, a chroesi'r goror
i arlliwio gwe'r gorllewin
â gwawr oren a haenen win

nes creu oriel Brueghel o'n bro . . .
Dal dwy anadl a dihuno
ynom ni harmoni newydd,
yn ddeuawd wâr ddiwedd y dydd;

dau'n ddi-ildio'n dal dwylo'n dynn
wedi dod yn ddau gredadun
yn nisgyniad y llygad llosg
a â o'n golwg, fel marw golosg;

120

ond, cyn mynd at y dibyn, daw
i hulio ei liwiau'n hylaw
wrth gwyro rhuban y gorwel
â dafnau o gymylau mêl,

ac iro'i wrid dros gwar y rhos
yn rhin glir, i ni gael aros
yn wyneb llygad goleuni,
a'i gymundeb â neb ond ni;

o roi'i liwiau fel ar liain
o les goeth, gwelwn eglwys gain,
un fonheddig yn gweini gwin
i buro hwyr dau bererin

stond wedi eu dal gerbron duw.
Fe hidla'i hydref diledryw
yn ias drwy'r allt fel sgubo stryd
a gyrru deiliach i'w gweryd;

ac â â'i hydref fry hefyd
i'r cymylau, a'i fflamau'n fflyd
i ledaenu'i folawd yno
fel oriel Michelangelo;

y duw sy'n ddechrau a diwedd
ein bywyd bach rhwng crud a bedd,
perchen y dydd, capten y don,
a gweadur ein cysgodion,

a'r duw sy'n gwmpaswr daear,
yn mynnu bod lle'r ŷm yn bâr
bob awr o'r dydd, sydd nawr ar daith
isod, fel i fedd am noswaith,

i wae ogof ein dychmygion;
er iddo grwydro daear gron

hyd wybren fel ar rod enfawr
o dasgau nobl, mae'n disgyn nawr

yn wylaidd iawn i'w ladd ei hun
drwy redeg ei waed i redyn
ar fron ruddog uwchlaw ogof.
O du'r gwyll daw stori i gof . . .

. . . am ladd Lleu, fel rhwng deufyd,
a phennu tranc yn y cyd-rhwng;
ei droi'n eryr dolurus
ar frig cangen y dderwen ddwys;
dan hud englynion Gwydion
fe ddisgyn yn gyndyn i'w gôl . . .

Yno'n gariadon fel ar grog,
yn llygadu'r unllygeidiog,
mudan rydym, wedi'n rhwydo'n
un â hydref rhedyn y fro,

a'n dal, yn anadl ola'n dydd,
i goelio'n llwyr ddigywilydd
i Sul y Gyfundrefn Solar
suddo i'n cwm, soddi'n ein cwar.

Y cwar lle y cloddiwyd carreg
solet y tai'n ein hoff le teg,
a fu'n ffatri i feini llechfâu
a meini glywodd emynau;

man lle bu dewrion Epona'n
mwynhau ernes y dduwies dda,
yn adeiladu'u haelwydydd
yn Gymreig, a hwy'n Gymry rhydd

i warhau ac i frochgáu'r gwynt,
yn dra hapus eu byd ar Epynt,
yn esgor, ac yn plwyfo'r plant
i'w diwallu â'u diwylliant.

Ond o'r ogof y daw drygau
i salwyno diwrnodau
golau â chuch y gelyn;

yr ysbryd aflan o Annwn
yrr arfau helger rhyfelgwn
ar wndwn a'i droi'n grindir;

mae egni'r gwanwyn mewn magnel
ac ynni'r haf mewn gwn rhyfel
â'i annel at y Mynydd

i losgi'r gwlân a berwi'r gwlith
a dod yn falltod, yn felltith
i blith diadell, fel blaidd;

trwy do'r Babell tery mellten
y rhyfyg nes troi'r sagrafen
lawen yn ŵyl ddilewyrch;

i Fryn Melyn y cerdd milwr
â rhodiad ei ymerawdwr
a rhu herwr hy Arawn;

darnio daear y Drain Duon,
agor ei rhychau â gwreichion,
cneifion, diferion y fall;

mae aradr mwrdwr ym Maerdy,
a glaslanc â thanc wrth Berth Ddu'n
dysgu ogedu'r mân gyrff,

dysgu bwled i dargedu
dyfodol iaith ysgol a thŷ,
a fory cof y werin . . .

Ond ein harch ddychryn ers cyn cof
yw'r hen ing yr awn ni'n angof
i gafn ogof ein negydd;

hwn o hyd yw ofn yr ofnau;
ac i nadu ei gnoadau,
ein hangau wnawn yn angof

o weld yr haul, er cilio dro
bob diwetydd, yn bod eto –
wedi'i wawrio o'r dwyrain.

Hyn, er i un ganfod fod rhaid
i ni oll agor ein llygaid
i weld ein lle yn y cread,
a dwysáu dyn i ildio i stad
o adnabod ei ddinodedd
yn hafn ei fyw neu'n nwfn ei fedd.
Gan y barnwr-seryddwr roedd
y wefan a ailfapiai'r nefoedd
a chreu meicrocosm o'r cosmos
gor-ddyrys pell fel datrys pos.
Fe alwai'r haul yn fŵl y rhod
a'r byd dano'n isfyd dinod,
fel y lloer yn ddim ond lloeren
hwylus i'r haul serio ei wên
arnom ein dau trwy'n mynd a dod,
a'n dofi i ildio i'w faldod.

Cyn i'r munudyn ddod â'r nos
i'n rhwymo'n oer, y mae'n aros
rhyngom a chur unrhyw angau
ddaw i'n rhawd, ein deuawd ni'n dau;

glaned â seithliw goleuni
yw du'r nos sy'n ein haros ni . . .

Ymhen hanner munud,
tra bydd gwyliedydd y goleuadau'n
hudo'i allwedd i dywyllu'r
llwyfan, a chloi diddanwch
theatr rhith tirio'r haul,
bydd dau'n ddi-ildio'n
dal dwylo'n dynn
wyneb yn wyneb â'r
nawr.

Y nawr annaearol,
eiliad yr ymweliad milain;

y nawr cyniweiriol
a anafodd gynifer;

nawr y Brenin Arawn
yn dwyn eneidiau i Annwn;

nawr Lleu fel rhwng deufyd
a nawr ei droi'n eryr;

y nawr ym Maerdy a'r Drain Duon
a'i anrhaith hurt yn y Berth Ddu;

nawr ebolion di-wardd Epona
yn malu gwndwn Bryn Melyn
â charnau chwyrnwyllt;

y nawr i'r hen Fynydd
droi'n fynwent;

nawr y Babell grybibion,

nawr ein datod o'n cysgodion,

a nawr yr haul yn ei gyd-rhwng.

Ar anadl eithaf ein dydd, fe safwn
o flaen ei hud diflanedig,
ac yn sydyn wedyn, daw
nawr
ein dallu gan dywyllwch . . .

a diwedd deuawd

a'r nawr
y daw Arawn i'n hôl.